pfeiffer

Zu diesem Buch

Fritz Riemanns Aufsätze vermögen dem Anfänger wie dem Erfahrenen unter den Praktikern sozialer Berufe die Wahrnehmung bedeutsamer sozialer Vorgänge, nämlich individueller Sprach- und Kontaktformen sowie der Wechselwirkung zwischen den Individualitäten des Klienten und des Therapeuten, erheblich zu erleichtern und sogar dazu beizutragen, Fehlerquellen und Störungen des therapeutischen Kontakts in schöpferische Neuansätze zu verwandeln.

Zahlreiche Arbeiten haben sich in den vergangenen zwanzig Jahren mit Neurosestrukturen und Gegenübertragungsfragen befaßt. Wir kennen jedoch in der deutschsprachigen Fachliteratur keinen Autor, der diese Gegenstände so anschaulich und wirklichkeitshaltig darstellt wie Riemann. Solche Funde gelingen nur einem unabhängigen Denker, dem neue Erfahrungen wichtiger sind als Dogmatik und angstvermeidende Denkgewohnheiten etablierter Schulrichtungen. *K. H. Mandel*

Fritz Riemann, geb. 1902, Psychotherapeut, Lehranalytiker (DGPT), Ehrenmitglied der amerikanischen Academy of Psychoanalysis, New York.

Wichtigste Buchpublikation: Grundformen der Angst und die Antinomien des Lebens, München 1961, 11. Aufl. 1976 (Reinhardt Verlag); Lebenshilfe Astrologie, München 1976, 4. Aufl. 1979 (Verlag J. Pfeiffer). Zahlreiche Veröffentlichungen zur Psychotherapie und Charakterologie in Fachzeitschriften.

Karl Herbert Mandel, geb. 1938, Dr. phil., Dipl.-Psych., Psychotherapeut, Lehrtherapeut (DBV), Leiter des Instituts für Forschung und Ausbildung in Kommunikationstherapie e. V. sowie der Ehe-, Partnerschafts- und Familienberatung München e. V.; in freier Praxis als Ehe-, Familien- und Sexualtherapeut tätig. Veröffentlichungen im Verlag J. Pfeiffer: »Einübung in Partnerschaft« (1976[9]); »Einübung der Liebesfähigkeit« (1976[3]); »Therapeutischer Dialog« (erscheint Herbst 79).

Fritz Riemann

Grundformen helfender Partnerschaft

Ausgewählte Aufsätze

Herausgegeben und eingeleitet von
Karl Herbert Mandel

Verlag J. Pfeiffer · München

3. Auflage 1979
8.–10. Tausend

Nr. 10
Reihe »Leben lernen«
herausgegeben von
Lorenz Wachinger und
Karl Herbert Mandel

Printed in Germany
Druck: H. Mühlberger, Augsburg
Umschlagentwurf: Hermann Wernhard

ISBN 3-7904-0136-6

Inhalt

Einleitung des Herausgebers

Je länger man in einem Berufsfeld praktiziert, in dessen Mittelpunkt die helfende Beziehung zu anderen Menschen steht, desto vielfältiger und gewichtiger werden zwei Dimensionen der Erfahrung:

Erstens zeigt sich, daß der individuellen Persönlichkeitsform eines Patienten oftmals eine recht verschiedenartige Weise des Kontakts, der Sprache angemessen ist, will man ihn erreichen;
zweitens erkennt man zunehmend die unvermeidliche Wechselwirkung zwischen der eigenen persönlichen Gleichung und der Individualität des Patienten.

Fritz Riemanns Aufsätze vermögen dem Anfänger wie dem Erfahrenen unter den Praktikern sozialer Berufe (vom Psychotherapeuten, Eheberater und Sozialarbeiter bis zum Arzt und Seelsorger) die Wahrnehmung dieser bedeutsamen sozialen Vorgänge erheblich zu erleichtern und sogar dazu beizutragen, Fehlerquellen und Störungen des therapeutischen Kontakts in schöpferische Neuansätze zu verwandeln.

Zahlreiche Arbeiten haben sich in den vergangenen zwanzig Jahren mit Neurosestrukturen und Gegenübertragungsfragen befaßt. Wir kennen jedoch in der deutschsprachigen Fachliteratur keinen Autor, der diese Gegenstände so anschaulich und wirklichkeitshaltig darstellt wie Riemann. Solche Funde gelingen nur einem unabhängigen Denker, dem neue Erfahrungen wichtiger sind als Dogmatik und angstvermeidende Denkgewohnheiten etablierter Schulrichtungen. Die beobachtungsgesättigte Beschreibung wichtiger psychischer Gesetzmäßigkeiten erklärt auch den Erfolg von Riemanns bekanntem Buch »Grundformen der Angst«, das von vielen Laien gelesen wird mit dem Ergebnis, daß sie verhaltensträchtige Einsichten in Probleme und Vorzüge ihrer eigenen Persönlichkeit gewinnen.

Die hier publizierten Aufsätze gelten seit langem als Geheimtip bei Therapeuten und Beratern. Arbeiten zu ähnlichen Themen aus verschiedenen Jahren enthalten reizvolle Variationen und überraschende Weiterungen. Verstreut in früheren Zeitschriftenjahrgängen, waren sie bisher dem Studierenden nur schwer zugänglich und einem breiteren Publikum leider unbekannt.

Die Erkenntnisse, die Riemann vermittelt, sind nicht mit den Meßverfahren der Schulpsychologie gewonnen und abgesichert. Wer jedoch mit der Verbesserung zwischenmenschlicher Beziehungen befaßt ist, sei es professionell oder »privat«, wird auf die hier gebotene Hilfe nicht mehr verzichten wollen und oft auch nicht können.

Der nachdenkliche Leser wird hier seine eigene Erfahrung bestätigt finden: daß nämlich in der helfenden Beziehung die Möglichkeiten und Grenzen der »Heilung« entscheidend von der Liebesfähigkeit eines Therapeuten bestimmt sind, ein »Vermögen«, welches freilich wachsen oder aber verkümmern kann. Sie ist eine Dimension zwischenmenschlicher Beziehung, die sich individuell und situativ in vielfältigen, scheinbar widersprüchlichen Formen zeigt, jedoch hinsichtlich ihrer inneren Qualität in der Auswirkung wieder eindeutig wird.

München, im März 1974 *Karl Herbert Mandel*

Grundformen der Angst und ihre spezifische Behandlung

Über neurosenspezifische Anwendung der psychoanalytischen Technik (1952)

Im folgenden soll gefragt werden, ob wir heute in der Lage sind, auf Grund der Kenntnis der Neurosestrukturen etwas wie eine neurosenspezifische Anwendung der psychoanalytischen Methode angeben zu können, und wie eine solche jeweils bei den verschiedenen Neurosen auszusehen habe. Die Grundlage der psychoanalytischen Technik ist im Laufe der Jahrzehnte nicht wesentlich verändert worden: wir lassen heute noch, wie dies *Freud* als das Angemessenste empfahl, unsere Patienten sich entspannt hinlegen und fordern sie auf, in dieser Lage »frei zu assoziieren«, alles mitzuteilen, was ihnen dabei durch den Kopf geht – Gedanken, Bilder, Gefühle, Erinnerungen, Körpersensationen – kurz, alles, was sie im Daliegen erleben. Unsere Erwartungsvorstellung ist dabei, daß dieses lockere Assoziieren wie nach dem Gesetz einer seelischen Schwerkraft auf die Erlebniskomplexe hinzielt, die im Kranken nicht verarbeitet sind und daher pathogen wirken, daß im Assoziieren und Wiedererinnern, Wiedererleben solche Inhalte ins Bewußtsein gehoben und nun verarbeitet werden können. Eine weitere Erwartungsvorstellung ist, daß es dabei wesentlich auch zum Wiedererinnern vergessener, verdrängter früher Erlebnisse kommt und damit nicht erledigte seelische Konflikte nachträglich verarbeitet und aufgelöst werden können. Eins der wichtigsten Hilfsmittel ist der Traum und die zu ihm gebrachten Assoziationen, in manchen Fällen auch das Malen und Zeichnen der Patienten. Nehmen wir noch die Haltungsanalyse hinzu – das direkte Ansprechen des Patienten auf seine ihm meist unbewußte Haltung hin, auf seine allmählich zur Gewohnheit gewordenen Verhaltensweisen –, so haben wir das technische Rüstzeug des Psychoanalytikers im wesentlichen beisammen. Je nach der Eigentümlichkeit des Therapeuten werden diese technischen Möglichkeiten mit verschiedener Akzentuierung angewendet, aber kaum einer wird auf eine dieser Möglichkeiten ganz verzichten.

Diese Technik wurde nun in den älteren Zeiten der Psychoanalyse praktisch ohne größere Variationen bei den verschiedenen Neurosestrukturen angewendet. In der Ausbildung bekam man den Rat, bei seinen ersten Patienten anfänglich möglichst wenig zu sprechen. Dieser Rat war wohl gut; einmal verhinderte er, daß man im Eifer des Anfängers zu aktiv in den analytischen Prozeß eingriff und vielleicht dadurch manches zudeckte oder dem Patienten etwas suggerierte oder schließlich ihm Einsichten zumutete, für die er noch nicht die Reife hatte. Anderseits überschnitten sich Therapie und Forschung noch so weitgehend, daß der angehende Therapeut nur in solcher zurückhaltender und vorsichtiger Einstellung die zu verstehenden Äußerungen »des Unbewußten« unvoreingenommen erleben konnte. Dies war der Sinn der »freischwebenden Aufmerksamkeit«, die *Freud* als die wünschenswerte Einstellung des Therapeuten forderte. So behielt man auch weiterhin diese Haltung bei, die zumindest den Vorteil hat, daß man durch sie weniger in die Gefahr kam zu schaden und so ein Grundgebot alles Helfenwollens einhielt. Man stieß natürlich auch damals schon auf mancherlei therapeutische Schwierigkeiten; so etwa pflegten hysterische Persönlichkeiten die »Grundregel« des Alles-mitteilen-Sollens ad absurdum zu führen, indem sie zwar scheinbar frei darauflos assoziierten, aber tunlichst die peinlichen Themen vermieden;

zwanghafte Persönlichkeiten stellten den Therapeuten vor die Schwierigkeit, sie zum »unkontrollierten« Assoziieren, »Sich-fallen-Lassen« zu bringen; depressive Strukturen und noch stärker schizoide waren über lange Strecken überhaupt nicht ansprechbar und blieben dann manchmal plötzlich fort – »im Widerstand«, wie man dann gewöhnlich formulierte, oft ohne die Zusammenhänge wirklich zu verstehen, denn dies »im Widerstand« war ja letztlich ein Eingeständnis der eigenen Hilflosigkeit.

Es liegt uns natürlich fern, die damaligen therapeutischen Bemühungen abzuwerten; das wäre unberechtigt. Sie entsprachen durchaus den Erfahrungen und Einsichten, wie ja Forschung und Therapie immer in einem sich bedingenden Verhältnis stehen. Und natürlich gab es auch damals schon Abwandlungen der »klassischen« Technik. Solche lagen einerseits in der Persönlichkeit des Analytikers. Verschiedenes Temperament, verschiedene Möglichkeit, einen Patienten »anzunehmen«, mehr gefühlsmäßig-intuitive oder mehr rational-analytische Anlage des Therapeuten haben schon immer Variationen entstehen lassen, die indessen nicht eigentlich lehrbar waren. Zu diesen Eigentümlichkeiten gehört auch ganz entscheidend die menschliche Reife des Therapeuten und seine Kontaktfähigkeit, die sich unter anderem schon im unbewußt gewählten äußeren Abstand des therapeutischen Sessels von der Patientencouch zeigte. Neben diesen persönlichen Unterschieden hatte man aber noch ein Instrument in der Hand, das variabel und elastisch genug erschien, um den verschiedenen Ansprüchen in der Therapie gerecht werden zu können: die Übertragung. In ihr glaubte man ein Regulativ zu haben, das sich den Anforderungen der verschiedenen Neuroseformen anpassen ließ. Man hatte die Möglichkeit, die Übertragung herauszufordern oder einzudämmen, und so pflegten technische Seminare u. ä. sich damals vorwiegend mit dem Problem der Handhabung der Übertragung zu beschäftigen, die – Vorteil und Nachteil in einem – mehr am individuellen Falle aufgerollt und besprochen wurde, nicht aber zu eigentlich neurosespezifischen Maßnahmen führte. Wer in Übertragung den wesentlichsten therapeutischen Faktor sah, »züchtete«, wie man das zu nennen pflegte, eine »Übertragungsneurose«, derart, daß nun alle neurotischen Verhaltensweisen des Patienten sich auf den Analytiker konzentrieren sollten, der, als im Idealfalle nichtneurotischer Gegenspieler »ohne Gegenübertragung«, nun imstande war, das Unwirkliche und Unangepaßte solcher neurotischer Verhaltensweisen des Patienten diesem aufzuweisen, mit ihm durchzuarbeiten und sie so aufzulösen. All das setzte natürlich zunächst einmal ein Mindestmaß an Übertragungsfähigkeit voraus, und die »Übertragungsneurose« wurde wohl häufig für den Patienten zu einer quälenden und zeitraubenden Maßnahme, wenn die Konzeption der Notwendigkeit und Wichtigkeit der Übertragung auch eine durchaus richtige war.

Die skizzierten therapeutischen Maßnahmen ergaben sich vor allem aus der Erwartungsvorstellung, daß in der Analyse Vergangenes, Verdrängtes, Vergessenes aufzutauchen habe und daß der Patient in seinen Verhaltensweisen und Einstellungen unbewußt »old patterns« an neue Menschen und Situationen herantrage, die ursprünglich bestimmten kindlichen Bezugspersonen gegolten hatten und an diesen erworben wurden. Unausgesprochen hatte man etwa die Vorstellung, wenn man in der Analyse nur weit genug in die frühe und früheste Kindheit vordringen könne, die ersten Ansätze der kindlichen Weltzuwendung bewußtmachen, erinnern lassen könne, so werde man heilen können. Die wieder an sich richtige Konzeption hatte nur den einen, aber recht schwerwiegenden Haken: wenn Störungen – wie die depressiven und schizoiden – in den frühesten Kleinkindzeiten einsetzen, so ist das zwar kausalgenetisch richtig und dies Wissen von enormer Bedeutung auch für die Therapie, aber es war und ist unrichtig, nun als die Regel zu erwarten, daß solche frühesten, vorsprachlichen Schädigungen erinnert und reproduziert werden könnten. Hier lag wesentlich das Versagen der Analyse solchen Erkrankungen gegenüber begründet, wie wir meinen. Von der Seite der Therapie her gesehen, können wir zugespitzt geradezu formulieren, daß im Wiedererinnern oder Nichterinnern der pathogenen Faktoren ein Unterschied zwischen Neurose und Psychose liegt. Solches Wiedererinnern ist sicher auch bei den Frühstgestörten möglich, aber man darf es wohl nicht als Regel erwarten. Während wir bei den Neurosen durchaus jene Erwartungsvorstellung zu Recht haben, erscheint sie uns also bei den Schwerstgestörten nicht mehr angebracht und erfordert somit bei diesen auch eine andere therapeutische Haltung. Da man indessen auch die Erwartungsvorstellung des Wiedererinnerns bei den Frühgestörten hatte, kam es dann oft dazu, daß man theoretisches Wissen und theoretische Spekulationen in die Patienten projizierte, und so hat man wohl öfter bestimmte Antworten bekommen, weil man in bestimmter Weise fragte (was unsres Erachtens auch die typische Verschiedenheit der Träume bei verschiedenen Therapeuten und psychotherapeutischen »Richtungen« erklärt, wenn die Therapeuten mit schulmäßigen Vor-Urteilen an die Therapie herangehen). Wir meinen aber vor allem, daß jene Erwartungsvorstellung eine Überforderung der Frühgestörten darstellt; wenn etwa eine depressive Persönlichkeit »im Widerstand« die Analyse abbrach, so sehr häufig deshalb, weil für sie — und mit Recht, wie wir meinen — die Analyse auch jenen Forderungscharakter angenommen hatte, unter dem allein sie die Welt erlebte, und der durch die nur abwartend-fordernde Haltung des Analytikers ja verständlicherweise wieder ausgelöst werden mußte. Schizoide Persönlichkeiten brachen öfter die Arbeit ab, weil die bei ihnen noch nie gelungene Weltfindung hier in der Analyse auch nicht gelingen konnte, wo sie sich gleichsam einem Vakuum gegenüberfanden, zu dessen Bewältigung sie ja noch keinerlei Erfahrungen mitbrachten. Wie sollte auch ein Mensch, der die Welt und die Menschen vorwiegend mit dem Gefühl des Fremden und Unheimlichen erlebt, in der Lage sein, eine Kontaktbeziehung herzustellen zu einem schweigend hinter ihm sitzenden Unsichtbaren, den er nicht kannte und über dessen Methode er keine oder falsche Vorstellungen hatte?

Die therapeutischen Erwartungsvorstellungen gingen weitgehend davon aus, daß man eine Neurose als ein gewordenes fertiges Gebilde mit »Geschichte« betrachtete und nun bemüht war, dies Gebilde in seiner historischen Entstehung gleichsam zurückzuwickeln und dabei im analytischen Prozeß aufzulösen. Das ist ebenso richtig wie einseitig gesehen. Für die Forschung war dieser Weg wohl unerläßlich, und ohne ihn hätten wir heute nicht das reiche Material an Wissen um Genesen, Strukturen usf.

Aber ein lebendiger Mensch hat nicht nur seine Vergangenheit, er hat auch seine Gegenwart und seine Zukunft, auch die neurotische Persönlichkeit. Und hier wollen wir nun mit dem Versuch einer neurosenspezifischen Abwandlung der psychoanalytischen Methode einsetzen.

Eine Neurose hat nicht nur den Aspekt eines solchen gewordenen und nun »fertigen« Gebildes, sondern sie ist – als lebendiges Geschehen – in jedem Zeitmoment auch zugleich ein Werdendes, sich immer tiefer Einspurendes. Dementsprechend muß man nicht nur die Genese, den historischen Entwicklungsgang der Neurose im Auge haben, sondern sehr wesentlich auch ihr im jeweiligen Zeitmoment sich immer erneutes Konstellieren und Vertiefen. Die alte Erfahrung, daß das Große sich im Kleinen spiegele, muß ganz ernst genommen werden: noch das kleinste aktuelle Geschehen spiegelt das Ganze der Neurose und wiederholt die Genese: Traum, Verhaltensweisen, die Art und Weise, wie man Situationen und Menschen »anzieht« und sich zu ihnen stellt. Ist einem das selbstverständlich geworden, so vermeidet man einseitige Einstellung auf kausal-genetische Zusammenhänge, die einem in ausreichendem Maße dennoch bei der Arbeit zufallen – eben auf Grund jener Entsprechung. Und man kann dem Patienten die Züchtung einer Übertragungsneurose ersparen, weil seine Gegenwart und sein ganzes In-der-Welt-Sein ja immer wieder reichlich analytisches Material ergibt, weil er in diesem Sinne ja dauernd und überall »überträgt«. Das soll nun verdeutlicht werden.

Eine erworbene und gewordene neurotische Struktur trifft auf die Welt, auf »Versuchungs- und Versagungssituationen« *(Freud, Schultz-Hencke)*. Solches Zusammentreffen hat immer einen Anfang, eine »*Keimsituation*«. Verhält man sich in solcher Keimsituation inadäquat, so lösen solche im Keime falschen Ansätze danach wieder die ganze Lawine neurotischer Mechanismen aus und kerben die neurotische Struktur wieder ein Stück tiefer ein (was ja auch die »Übertragungsneurose« zunächst tut und weshalb allein man ihr gegenüber schon skeptisch sein sollte). Es geht also darum, solche vertiefenden Einkerbungen gleichsam in statu nascendi aufzufangen und in die Hand zu bekommen und an solchen Stellen den erworbenen circulus vitiosus zu durchbrechen, zu lernen, einmal eine andere Antwort zu geben, als bisher automatisiert war. Gelingt das, so kann an solcher Stelle die Neurose etwas gelockert werden in ihrem Gefüge, bis allmählich die gesunden Antworten wirklich gekonnt werden. Solche Keimsituationen sind also in erheblichem Maße schicksalsträchtig, in ihnen liegt potentiell die Chance und Möglichkeit, sich gleichsam wie weiland Münchhausen am eigenen Schopfe ein Stück aus dem Sumpfe zu ziehen. Aber um das zu können, muß man erst die Keimsituation als solche erkennen und realisieren.

Ein Beispiel für viele in »Großaufnahme«: Ein etwa 30jähriger Patient mit epileptischen Anfällen erzählt in einer Stunde, er habe gestern wieder »ohne jeden Grund und Zusammenhang« einen epileptischen Anfall bekommen. Wir lassen den Vortag genauestens noch einmal an uns vorüberziehen. Dabei kommt folgendes heraus: er hatte gestern die Tochter seiner Hausfrau zu einem Spaziergang eingeladen. Im Gehen bemerkte der Patient mit unterschwellig bewußt bleibendem Neide, daß das Mädchen mit großen Schritten frei ausschritt, während er daneben seinen kleinschrittigen Trippelgang erst richtig erlebte, den wir schon öfters besprochen hatten. Nach einiger Zeit schlug das Mädchen einen Wettlauf vor, den es überlegen gewann. Wieder eine Kränkung seines Selbstgefühls, ein Unterlegensein, das ihm die eigene motorische Gehemmtheit unerfreulich bewußt machte und eine wachsende innere Gespanntheit und Erregung setzte. Sie besuchten dann einen Rennstall. Der Patient hätte den Trainer gern gefragt, welche Pferde beim nächsten Rennen wohl die größten Gewinnchancen haben würden, getraute es sich aber zunächst nicht; er tat es dann doch, hatte aber kurz darauf den Namen des Pferdes, den er sich merken wollte, wieder vergessen. Auf dem Heimwege hatte er starkes Verlangen, das Mädchen in die Arme zu nehmen und zu küssen, schaffte es aber ebenfalls nicht und kam so an sich selbst enttäuscht, unzufrieden und gereizt in sein Zimmer, wo dann plötzlich der »unmotivierte« Anfall ausbrach. Der Patient war sehr beeindruckt, als wir so die Vorgänge vor dem Anfall herausgearbeitet hatten, die »Keimsituationen«, in denen jedesmal ein Stück motorischer Expansion und Aggression nicht adäquat gelebt, sondern gedrosselt wurde und zu wachsender innerer Stauung führte, die dann in der bei ihm eingefahrenen Weise zur Entladung drängte.

Vielleicht ist hieran deutlich geworden, was mit der Keimsituation gemeint ist. Wir wollen nun versuchen, typische neurosenspezifische Keimsituationen herauszuarbeiten, und uns dafür kurz mit den Hauptformen der Neurose beschäftigen, in kurzen Strichen ihre Hauptstrukturmerkmale andeutend.

Zunächst zur hysterischen Persönlichkeit. Diese ist unter anderem dadurch entscheidend gekennzeichnet, daß sie gleichsam unhistorisch lebt. Jeweils nur auf den Augenblick eingestellt, der ohne Vorgeschichte und daher ohne Verpflichtung erlebt wird, nimmt die hysterische Persönlichkeit die allgemein gültigen und verpflichtenden Spielregeln zwischen den Menschen nicht an und setzt sich über sie hinweg (keine Realitätsprüfung nach *Freud*). Sie lebt eigentlich in einer »Pseudowirklichkeit«. Da man so zu keinem echten Halt in sich kommt, versucht die hysterische Persönlichkeit, solchen Halt von außen zu bekommen: so kann man die Haltungen des »Ausprobierens« verstehen, den Versuch, »wie weit man gehen« kann, »wie weit man es treiben« kann, was sich »die Welt gefallen läßt«, wie weit sie dehnbar und gleichsam »aus Gummi« zu sein scheint. Im Auf-die-Spitze-Treiben steckt ja schon der Keim des Einlenkens und Umkehrens, sobald hier ein solches Halt, ein solcher Halt von außen erreicht wird, an dem man sich dann orientieren kann. Man könnte es auch so ausdrücken: die hysterische Persönlichkeit hat ein unterentwickeltes Über-Ich, muß daher das Begrenzende, Halt und Orientierung Gebende von außen zu bekommen suchen – und dies steht hinter ihren oft so chaotisch und widerspruchsvoll wirkenden Verhaltensweisen. Was der hysterischen Persönlichkeit, noch anders ausgedrückt, »fehlt«, ist das Vertrauen in eine verläßliche Weltgesetzlichkeit, nach der sie sich zuletzt doch sehnt. Natürlich hat das seine Genese – sie ist oft beschrieben worden; aber es hat auch seine aktuelle Bedeutung und ist noch in den kleinsten Verhaltensweisen zu erkennen.

Wenn wir hier nun von der Genese absehen und uns fragen, welche Haltungen typischerweise immer wieder die hysterische Struktur zu vertiefen pflegen, so stoßen wir wieder auf das, was mit der Keimsituation gemeint ist. Direkter gefragt: welche typischen Fehlhaltungen stoßen die hysterische Persönlichkeit immer tiefer in ihre Neurose hinein? Wenn man nicht weiß und glaubt, daß die Welt verläßliche, aber auch verpflichtende und verbindliche Gesetzmäßigkeiten enthält, wird man glauben, es mit ihr nicht allzu genau nehmen zu brauchen. Und genau hier liegen die Keimsituationen für später schwer korrigierbare Folgen; an diesen Stellen kann man sehen, wie aus Kleinstem sich immer Größeres schicksalhaft zusammenballt, wenn man nicht bereit ist, Kleinstes wirklich ernst zu nehmen.

Gehen wir nun zu neurosenspezifischen therapeutischen Maßnahmen über, so können wir als Kurzformel sagen, sie müssen hier darin bestehen, daß man soviel Realität wie möglich an den Patienten heranträgt (was schon in der ersten Besprechung geschehen muß, worauf vor allem *Schultz-Hencke* mit Recht immer wieder hinweist). Der »Vertrag« zwischen Patient und Analytiker muß hier besonders klar besprochen werden, damit möglichst kein Raum bleibt für den Patienten, auch die analytische Situation zum »Ausprobieren« zu verwenden. Solche Menschen müssen eine tragende, verpflichtende Weltgesetzlichkeit kennen lernen, die sie nie adäquat erlebt haben. Sie müssen erfahren, daß bei genauer Prüfung — bei aller Unverläßlichkeit und scheinbaren Willkür und Chaotik der Welt — diese genug an Verläßlichkeit enthält, mit der man rechnen kann, wenn man sie nur anzunehmen bereit ist, welch letzteres allerdings von entscheidender Bedeutung ist. Nur wenn das wirklich erlebt wird, kann man damit rechnen, daß die hysterische Persönlichkeit ihr gleichsam punktförmiges Ichbewußtsein aufzugeben bereit ist zugunsten eines Geschichtsbewußtseins, das nun einmal wesentlich zum Menschen gehört und seine Würde wesentlich mit ausmacht. Die hysterische Persönlichkeit braucht Halt in jenem Doppelsinn des Sich-anhalten-Könnens und des Schranken-gesetzt-

Bekommens. Genetisch wurde entweder kein derartiger echter Halt erlebt (hysterisches Milieu), oder ein unannehmbarer, zu starrer (zwanghaftes Milieu) vor allem in der »phallischen Phase« (*Freud*), also etwa um das vierte bis sechste Lebensjahr. Aus der resultierenden Augenblickseinstellung und den nicht gekonnten Verarbeitungen herantretender Reize ergeben sich die beschriebenen Keimsituationen: unscharf hinsehen, vages Planen, unklare Zielvorstellungen, naives »Ausprobieren«, sich hinreißen lassen, zu weit gehen, zuviel versprechen u. ä., um nur die wichtigsten zu nennen.

Ein Beispiel: Eine Patientin dieser Struktur, die wegen gewisser musikalischer Anlagen von ihrer Familie für sehr begabt gehalten wird, beginnt Musik zu studieren. Die mitgebrachten Anlagen werden von ihr weit überschätzt, und anfangs scheint sie Erfolgsaussichten zu haben, da sie zudem erheblichen weiblichen Charme mit Geschick einsetzt. Sie erzählt bereits überall, wie begabt man sie gefunden habe und welche Karriere ihr bevorstehe. Mit fortschreitender Steigerung der Anforderungen bleibt der bisher gewohnte und erwartete Erfolg aus, sie enttäuscht, wie sie vage wahrnimmt. Hier fängt sie nun an, die Keimsituation falsch zu beantworten: sie beginnt öfter, sich unwohl zu fühlen und nicht zum Unterricht kommen zu können, sie findet, daß andere Schülerinnen ihr vorgezogen werden und daß man sie ungerecht behandle, offenbar habe der Lehrer etwas gegen sie usf. So nimmt sie sich immer mehr zurück, bleibt zurück, und es wäre mehr und mehr aufzuholen, nachzuholen. Bis ein Punkt erreicht ist, wo sie sich eigentlich das Versagthaben selbst eingestehen müßte. An diesem Punkt erkrankt sie erst für länger – Sanatoriumsaufenthalt und viele Ärzte. Dann plötzlich, nach der Gesundung, eine neue Idee – sie hat inzwischen, angeregt durch eine Bekanntschaft im Sanatorium, eine neue »Begabung« bei sich entdeckt: die Musik war ein Irrtum, sie ist ja eigentlich die geborene Tänzerin. Und nun wiederholt sich, mutatis mutandis, das oben Beschriebene.

Hier sind fast alle typischen Keimsituationen der hysterischen Struktur gegeben: nicht klares Erkennen der eigenen Möglichkeiten und des Weges, wie man diese wirklich ausbauen und fruchtbar machen könne; unbestimmte Pläne und Wunschvorstellungen von Berühmtheit, Erfolg, ohne Realisieren der dafür nötigen Arbeit; naives Ausprobieren, wieweit man durch andere Mittel – Charme – das spürbar werdende mangelnde Können, die gefühlte Unsicherheit ersetzen könne, und schließlich das Ausweichen in unechte Haltungen: Krankheit, Suchen des Fehlers außer sich.

Zusammenfassend kann man sagen, daß die Keimsituation bei hysterischen Persönlichkeiten letztlich immer zu tun hat mit dem Problem der Echtheit, daß es immer wieder gilt, Schein und Sein auseinanderzuhalten.

Wenden wir uns der Zwangsneurose zu, so finden wir die zwanghaften Persönlichkeiten unter anderem dadurch gekennzeichnet, daß sie einen auffallenden Mangel an Spontaneität aufweisen, etwas Klebendes, Haftendes haben. Ihre Realitätsbeziehungen sind gleichsam immer traditionsbelastet; Zweifel spielen bei ihnen eine entscheidende Rolle und lassen sie nicht zum sich Entscheiden, zum Handeln kommen. Auch ihr emotionales Leben erscheint kontrolliert und reflektiert, das Über-Ich ist bei ihnen überwertig und macht sie skrupelhaft, »gewissenhaft«, sie suchen das Prinzipielle und Absolute, sind in der Motorik gehemmt und zeigen oft die von *Freud* als »analer Charakter« beschriebenen Züge von Eigensinn, Ordnungsliebe und Sparsamkeit. Man riskiert sich möglichst nicht, will sicher gehen und ist auf die Zukunft eingestellt; vor lauter Vorbereitungen auf sie versäumt man dann gewöhnlich die Gegenwart. Das Gesamtbild zwanghafter Persönlichkeiten weist betont Momente der Sicherung auf, ein Nicht-abweichen-Wollen von Gewohntem, und wirkt so oft unlebendig und starr. Was ihm »fehlt«, ist vor allem das Vertrauen in das Mit-sich-geschehen-Lassen, die Hingabefähigkeit; sie wollen alles erst sicher unterbauen, ehe sie sich auf etwas einlassen, sie können nicht glauben, daß trotz Vergänglichkeit und Unsicherheit der Welt man das Leben lieben und sich ihm überlassen könne, und daß man sich in der Hingabe an das Leben gerade und um so reicher wieder geschenkt bekomme.

Sehen wir von der oft und gut beschriebenen Genese solcher Strukturen ab und wenden uns ihren aktuellen Haltungen zu. Da fällt bald auf, daß die Keimsituation hier sich zusammenfassen läßt in ein retardierendes Moment, ein Zögern. Wer spontan und impulsiv handelt, zweifelt nicht. Erst durch einen verzögernden Aufschub, einen Hiatus, wird Raum für Zweifel, Bedenken, Skrupel. Diesen Hiatus aufzuweisen, wird hier wichtigste spezifische Aufgabe. Dieses Zögern, sich Zurücknehmen wird immer wieder als »Isolierung«, wie das gut genannt worden ist, zwischen einen Zustand und einen neuen eingeschoben, um Zeit zu gewinnen; schließlich verabsolutiert sich dies Moment und wird Selbstzweck – dann sind wir mitten in der Zwangsneurose, die ja oft noch darüber hinausgeht und nach dem Hiatus gleichsam eine rückläufige Bewegung macht, indem man schon Gedachtes oder Getanes zu widerrufen oder ungeschehen zu machen versucht. So bekommt man den Eindruck, daß die zwanghafte Persönlichkeit nichts mehr scheut als den Wandel; diesem auszuweichen, diesen hinauszuschieben, scheint wichtigstes Anliegen zu sein. Es gilt daher als Keimsituation immer wieder aufzuweisen, wie und wo ausgewichen wird, in die Phantasie, in Zweifel, Skrupel, Systeme, Ideologien usf. Es gilt, den jeweils dahinterliegenden Impuls aufzudecken, vor welchem so ausgewichen wird, und den Gegenimpuls: nichts zu ändern. Wenn hier nicht erlebt wird, daß man tatsächlich geschehen lassen kann, ohne sich zu verlieren, daß trotz aller Vergänglichkeit eine Beständigkeit existiert und daß es sich dabei nicht um ein Entweder-Oder handelt, sondern um eine echte Synthese, wird eine zwanghafte Persönlichkeit nicht bereit sein, ihre sichernden Ausweichhaltungen aufzugeben zugunsten einer lebendigeren Haltung.

Wieder ein Beispiel: Ein zwanghafter Patient hat eine große Bibliothek. Trotzdem benutzt er diese nicht, sondern leiht sich Bücher aus einer Leihbibliothek mit der rationalisierenden »Begründung«, er könne einmal in eine Stadt ohne Leihbücherei kommen; habe er dann seine eigene Bibliothek schon gelesen, so bliebe ihm nichts mehr. Die Keimsituation, die hier dahintersteht und natürlich in verschiedener Form sein ganzes Leben durchzieht, ist das Nichtannehmen des Risikos, daß etwas zu Ende gehen könne, und der fehlende Glaube, daß sich dann neue Wege auftun.

Genetisch gesehen, haben solche Menschen unter anderem das eine Urerlebnis des Kindes nicht recht verarbeiten können: daß Menschen und Dinge plötzlich »weg« sein können; sie kennen nur die Unsicherheit, ob Menschen und Dinge auch wiederkommen, was vor allem in der analen Phase *(Freud)* entscheidend erlebt wurde. Gegen diese Unsicherheit gilt es sich zu schützen, und daher versucht man das zu besitzen, was man hat und was einem sicher erscheint, während jedes Aufgeben und Ändern ein Risiko darstellt ohne Garantie. Das lösende Sichhingebenkönnen muß hier gelernt werden, es muß erfahren werden, daß etwas da ist und nachkommt, gerade auch wenn man gibt, daß das Leben in sich Quellen hat, deren Versiegen man nicht immer ängstlich glaubt unterbinden zu müssen.

Wenn man sich die Struktur hysterischer und zwanghafter Persönlichkeiten klar vorstellt, bekommt man mehr und mehr den Eindruck, daß es sich bei ihnen um gleichsam entartete, pervertierte Formen zweier Grundimpulse zu handeln scheint, die auch zum Gesunden und wohl zum Lebendigen überhaupt gehören; daß offenbar erst die Verabsolutierung und Einseitigkeit eines der beide Grundimpulse zu solcher Verzerrung führt. Ich habe in meinen Analysen öfter den Versuch gemacht, diese zwei Grundimpulse in Zusammenhang zu sehen mit größerem außermenschlichen Geschehen, in der Form, daß ich den Patienten darzustellen versuchte, wie unsere Erde von zwei polaren Grundimpulsen bewegt wird, die wir als Zentrifugal- und Zentripetalkraft anzusprechen gewohnt sind. Nur das lebendige Gleichgewicht zwischen Flieh- und Schwerkraft garantiert einen »Kosmos«, eine lebendige schöne Ordnung. Die Verabsolutierung des Zentrifugalen würde zum Chaos führen (»Hysterie«), die des Zentripetalen zur Erstarrung (»Zwangsneurose«). Was also vom Menschen ebenfalls gefordert zu werden scheint, sei sowohl das Bejahen des ewigen Wandels im Sein, das Bejahen des »panta rhei« – der dionysische Aspekt des Lebens – als auch das Bejahen des ewig Gültigen, Unwandelbaren, »Absoluten«, des »aere perennius« – der apollinische Aspekt des Lebens. Erst wenn einer dieser Aspekte einseitig gelebt wird, sieht und erlebt man den polaren als negativ und gefährlich. So erscheint der hysterischen Persönlichkeit der zentripetale Gegenaspekt als lebensfeindlich, sie erlebt an ihm die Angst vor dem Tode als Erstarrung und Ende, die Angst vor dem gefürchteten Endgültigen. Der zwanghaften Persönlichkeit erscheint dementsprechend das Zentrifugale als chaotisch, und sie erlebt an ihm die Angst vor dem Tode als Wandlung und Vergänglichkeit, die Angst vor dem Neuen und Unbekannten. Durch diese Schau wird der Mensch stärker in nicht nur zwischenmenschliche Zusammenhänge gestellt, und erfahrungsgemäß hat das allein schon eine gewisse therapeutische Wirkung. Man kann sich schwer dem überzeugenden Eindruck entziehen (der dann auch nicht mehr als persönliche Überzeugung des Analytikers wirkt, sondern von unserem Weltsystem gleichsam vorgelebt wird), daß ja tatsächlich in unserem

Weltsystem trotz der Fliehkraft sogar berechenbare Gesetzmäßigkeiten bestehen, die verläßlich genug erscheinen, und daß anderseits trotz der Schwerkraft lebendige und sich wandelnde Rhythmen gegeben sind, die in ausreichendem Maße Spielraum für neue Entwicklung lassen. Wirklich lebendig ist aber nur das Annehmen beider Impulse. Daß die beschriebenen Ängste und Wünsche die Menschheit immer bewegt haben, geht schon aus den Mythen hervor; die Verläßlichkeit der Planetenumläufe, der Wiederkehr der Jahreszeiten mußte wohl erst durch lange Zeiträume erfahren und als berechenbar erlebt werden, bevor die Menschheit das Gefühl völliger Ausgeliefertheit verlor, mit den Gesetzmäßigkeiten der Welt zu rechnen verstand und so sich heimischer in ihr fühlte.

Wir wollen nun direkter zum Thema zurückkehren und uns um die depressiven Persönlichkeiten bemühen. Für diese ist vor allem charakteristisch, daß sie die Welt mit Forderungscharakter erleben, so, als ob die ganze Welt von ihnen etwas haben wolle. Menschen wollen geliebt oder sonstwie befriedigt werden, Bücher wollen gelesen werden, kurz, die depressive Persönlichkeit steht wie zwischen lauter geöffneten, fordernden und habenwollenden Mäulern, die sie schließlich ganz zu verschlingen drohen. Wer vor allem aus oralen Versagungen (*Freud*) heraus die Welt so erlebt hat (weil nicht echt geben könnende Mütter automatisch fordernde sind), der muß in jedem Menschen zunächst einmal einen Gläubiger sehen, und der Analytiker muß alles tun, um nicht in die gleiche Rolle versetzt zu werden – wozu ja Anlaß genug vorzuliegen scheint, da er des Patienten Zeit, Geld, Träume und Einfälle in erheblichem Ausmaße fordert. Daß die eigenen unerfüllten Wünsche des Habenwollens dann auch auf die Welt projiziert werden, ist unseres Erachtens sekundär; wir meinen, daß die Forschung bisher das Nicht-genugbekommen-Haben zu sehr betont und zu wenig bemerkt hat, daß Eltern, die nicht geben können, automatisch zu fordernden und ihrerseits habenwollenden werden. Die für den Depressiven typischen Schuldgefühle (da das Erfüllen all der projizierten, ursprünglich realen Forderungen seine Kräfte übersteigen muß) müssen sofort erkannt und abgebaut werden. Der Depressive muß erleben, daß Geben nicht unbedingt heißt, daß nur immer mehr und mehr von ihm gefordert wird, daß die Welt nicht unbedingt und überall die Haltung jenes Teufels annimmt, der die ganze Hand ergreift, wenn man ihm den kleinen Finger gibt, er muß anderseits erleben, daß er befriedigend geben kann und tatsächlich etwas zu geben hat, daß er Subjekt sein kann und sein soll, nicht nur erleidendes Objekt; daß er daher auch »nein« sagen kann und etwas verweigern darf. Nicht rechtzeitiges Erkennen der Schuldgefühle und des beschriebenen Forderungscharakters der Welt bei diesen Strukturen kann zum Abbruch der Analyse und zu Schlimmerem, zum Suizid führen.

Auch hier können wir die Genese als bekannt voraussetzen. Versuchen wir daher nur zu beschreiben, was aktuell typischerweise zu geschehen pflegt, welche Keimsituationen die depressive Struktur immer wieder tiefer einkerben. Da scheint es vor allem die schon angedeutete zu sein, daß solche Menschen nicht gelernt haben, sich als Subjekt zu erleben. Sie erleben sich sozusagen nur im Passivum, in der Defensive. Entsprechend wird dann die Welt zum Subjekt gemacht; so geschieht es, daß nicht ich ein Buch lesen will als Subjekt, sondern daß das Buch von mir gelesen werden will; daß nicht ich mich am blauen Himmel und der Sonne erfreue, sondern daß ich mich an Himmel und Sonne freuen soll und es daher als Anstrengung empfinde, wie mir einmal ein Patient dieser Struktur schilderte. Man kann sich die Grundgestimmtheit hoffnungsloser Verzweiflung nicht abgründig genug vorstellen, wenn für einen Menschen alles in der Welt solchen fordernden Charakter angenommen hat. Wie kann man versuchen, sich all dieser vermeintlichen Ansprüche zu erwehren?

Man versucht es in den typischen Keimsituationen Depressiver, wie etwa: Abwerten aller Reize und Objekte (»saure Trauben«); es lohnt dann nicht, sich mit ihnen einzulassen, und sie können daher nicht enttäuschen durch Unerreichbarkeit oder auch nicht fordernd werden. Dann die »Skotomisierung«, die Reizfilterung – eine Steigerung der vorangegangenen Haltung –, die schließlich immer weniger Reize zuläßt, wahrnehmen läßt, bis die Welt öde und grau geworden ist, bis auf allen Dingen ein jeden Glanz nehmender Mehltau liegt. Die Welt wird nur noch wie durch einen Schleier gesehen, der dann die doppelte Schutzfunktion hat: mögliche neue Forderungen fernzuhalten und einen davon abzuhalten, sich vielleicht auf Grund eines Reizes näher mit der Welt einzulassen, um dann doch wieder enttäuscht zu werden, weil man das Zugreifen nicht gelernt hat – also die Funktion der Enttäuschungsprophylaxe. (Solche Skotomisierung der von der Frau ausgehenden Reize sind auch wichtige Keimsituationen beim Homosexuellen; er pflegt – bei genauer Betrachtung seiner Verhaltensweisen – Frauen überhaupt nicht »wahr-zunehmen«.)

Die spezifische Therapie muß hier vor allem die Fähigkeit wecken, sich am Leben und der Welt freuen zu können. Zu einseitiges Eingehen auf die Vergangenheit wäre hier fast ein Kunstfehler, da das die Depressionen nur verstärken müßte; einmal, weil genetisch die Vergangenheit hier schon so weit zurückreicht in früheste und vorsprachliche Entwicklungsstadien, daß ein Wiedererinnern eine erneute und ungerechtfertigte Forderung wäre; anderseits, weil man in diesen frühesten Stadien beim Depressiven nichts Positives mehr zu finden hoffen darf, das freigelegt werden könnte. Wichtiger ist daher auszumalen, was dem Patienten gefehlt hat, wie eigentlich und normalerweise seine Kindheit hätte aussehen können, ja sollen; wie hier strömende und schenkende Quellen gefehlt haben, dagegen Versagungen und zu frühe Forderungen dafür eintraten. Solche Patienten müssen im konkretesten Sinne des Wortes nachholen, was in der Analyse oft durch recht schwierige Phasen zu führen pflegt, die aber durchgemacht werden müssen, wenn man solche sogenannten »endogenen« Depressionen heilen will. (Bei zwanghaften Persönlichkeiten, die ja gewöhnlich auch in der späteren Kindheit überfordert wurden, pflegt man regelmäßig einen ähnlich strukturierten depressiven Bestandteil zu finden, der nach Auflösung der Zwänge hervortritt.)

Für die depressive Persönlichkeit ist oft der Forderungscharakter der Welt das einzig Reale in ihrer Beziehung zur Welt, und das ist mit ein Grund, warum sie sich immer wieder überfordern lassen; als ob sie empfänden, daß beim Wegfall der Forderung das Nichts drohe, da sie Eigenimpulse, Subjektsein nicht gelernt haben. Daß Andere von ihnen etwas fordern, kann ihnen schließlich die einzige Lebensberechtigung geben – das sind dann noch »leichtere« Formen. Die grundsätzliche Keimsituation hieße hier also: nicht nein sagen können, selbst nicht adäquat fordern und zugreifen können.

Und schließlich zur schizoiden Struktur. Die schizoide Persönlichkeit steht sozusagen in ganz lockerem Zusammenhang mit der Welt; nach *Freud* formuliert: ihr ist es nicht gelungen, die ursprüngliche narzißtische Libido in ausreichendem Maße in Objektlibido zu verwandeln, so daß sie genügend Interesse an der Welt gewonnen hätte. Und dies gelang nicht, weil die ersten Eindrücke von und Erfahrungen an der Welt so enttäuschend, beunruhigend, unheimlich und versagend waren, daß man vor ihr zurückschreckte (»Kaspar-Hauser-Schicksale«, *Mitscherlich*). Die tastenden »Pseudopodien«, die das Kleinstkind erstmalig zur Welt hin ausstreckte, mußten deshalb sofort wieder zurückgenommen werden. So entstand keinerlei engerer Kontakt mit der Welt und man steht ihr mit tiefem, immer wachem Mißtrauen gegenüber. Das muß natürlich unter anderem eine breite flottierende Angst auslösen, denn bei der Unvertrautheit mit der Welt, wie sie aus zu lockerem Kontakt entstehen muß, kann man sich in ihr nicht heimisch fühlen, man »begreift« sie nicht.

Die Keimsituation kann plastisch mit einem motortechnischen Bild beschrieben werden: die schizoide Persönlichkeit verhält sich dem Leben gegenüber wie ein Autofahrer, der bei leisester wirklicher oder vermeintlicher Gefahr sofort auskuppelt und die Bremse tritt, ja darüberhinaus immer nur mit schleifender Kupplung fährt und nie den Gang wirklich einschaltet. Dann plötzlich wird der Motor einmal eingekuppelt und der Wagen macht einen ruckartigen Sprung, der nicht mehr kontrollierbar ist, nach vorwärts – gut vergleichbar mit den plötzlichen Annäherungsversuchen Schizoider an die Welt, die nicht gekonnt, weil nicht geübt sind und dementsprechend zu neuen Zusammenstößen und daraus folgendem Abgewiesenwerden und Enttäuschungen führen müssen, die das Mißtrauen vertiefen und die Versuche der Annäherung immer inadäquater werden lassen. Man kann wohl verstehen, daß auf solche Weise eine wachsende Kluft zur Welt entsteht und daß dies die schizoide Persönlichkeit immer mehr isoliert. Schließlich bleiben dann nur zwei Wege übrig: entweder ein Sich-immer-mehr-in-sich-Zurücknehmen in eine irreale Privatwelt; oder aber aus wachsendem Haß gegen die nun als ablehnend und feindlich empfundene Welt Ausbrüche gegen sie bis zur Kriminalität. In dem Maße wie die Welt gefährlich und unvertraut erscheint, muß man sich aber auch reaktiv auf sie einstellen, muß man gleichsam immer auf dem »qui vive?« sein, um nicht überrascht zu werden; aus solchem beobachtenden Re-agieren heraus kommt es kaum dazu, daß man sich selbst und seine Impulse kennenlernt, so daß man auch den eigenen Impulsen mit wachsender Fremdheit gegenübersteht. So kommt es weder zu echter Ich-Findung noch zu echter Du- und Welt-Findung.

Als spezifische Therapie muß vor allem jenes »Auskuppeln« als Keimsituation immer wieder aufgezeigt werden, dieses mimosenhafte Zurückzucken bei der kleinsten wirklichen oder vermeintlichen Gefahr oder Enttäuschung. Wichtig ist daher vor allem, vorsichtig und langsam Kontakt zu schaffen mit dem Therapeuten als Vertreter der »Welt«. Da das Sich-Mitteilen wohl die Urform des Kontaktes ist, muß man solchen Menschen diese Möglichkeit in großer Breite geben, muß sie zunächst einfach aussprechen lassen und sie geduldig anhören, dabei versuchen, den Faden der oft so farblos und scheinbar zusammenhanglos hervorgebrachten Gedankenreihen zu erfassen und hier und da aufzuzeigen. Es war mir sehr eindrucksvoll, als eine Patientin dieser Struktur, die schon mehrere Analytiker aufgesucht hatte, im Rückblick meinte, einer habe ihr bisher am meisten geholfen: der habe das erste halbe Jahr fast nichts gesprochen. Das ruhige Anhören ist also hier erstes spezifisches Gesetz, verständlich nach dem vorher Gesagten; daraus kann allmählich ein vorsichtiges »Einkuppeln«, um in unserem Bilde zu bleiben, erwachsen, ein vorsichtiges Sicheinlassen mit der Welt. Es ist für solche Menschen meist das erste Mal, daß sie sie selbst sein können, ohne dauernd auf die Umwelt achten zu müssen, und so können sie langsam sich und das Nicht-Ich kennenlernen in tastender Auseinandersetzung. Natürlich wird man hier alles unterstützen, was Kontakt schaffen kann, wird daher auch oft die ursprüngliche analytische Situation abändern und sich dem Patienten gegenübersetzen, um sein immer waches Mißtrauen nicht durch eigene Unsichtbarkeit zu verstärken. Vor allem darf man jenes »Auskuppeln« nicht übersehen; es äußert sich meist in feindlichen, aggressiven (kritischen!) Haltungen, die man sofort aufgreifen und zu analysieren versuchen sollte. Gerade auch bei Kontaktversuchen des Analytikers – die als beunruhigende Gefahr, weil Zunahekommen, erlebt werden – pflegt solches Auskuppeln aufzutreten, und dies mutatis mutandis der Welt überhaupt gegenüber, als feindliches Sich-Abgrenzen. Wir können hier andeuten, daß bei solchen Patienten für den Therapeuten die Gefahr der Gegenübertragung besonders groß erscheint; einmal, weil hier ein besonderes Maß an Geduld gefordert wird, dann aber auch, weil diese mimosenhaften Geschöpfe ungemein fein registrieren und Schwächen des Analytikers oft sehr klar empfinden und kritisieren. Kann ein Therapeut mit eigenen nicht ganz aufgelösten depressiven Zügen leicht in Gefahr kommen, in der Gegenübertragung Patienten als Ansprüche zu erleben, so steht er hier bei eigenen schizoiden Zügen in Gefahr, seinerseits sich zurückzunehmen und empfindlich zu reagieren.

Man wird also den Patienten sich aussprechen, sich ausphantasieren lassen, abwartend und nicht korrigierend, und wird danach möglichst immer auf die aktuelle Keimsituation eingehen, die auslösend war für die augenblickliche Verfassung des Patienten. Genetische Ursachen und Hintergründe sollte man zunächst nur wie nebenbei erwähnend andeuten, da zu gründliches und vor allem zu frühes Eingehen auf sie Symptome auszulösen pflegt. Vor allem sollte man vermeiden, die Aussagen des Patienten zu korrigieren oder anzuzweifeln. Wenn man dies zu früh tut, kann man vieles zuschütten und verschlechtern, und es kann für den Patienten der Grund zum Abbrechen der Analyse werden.

Wenn wir für den inneren Zustand schizoider Persönlichkeiten nach einem Bild aus einem anderen Wissensgebiet suchen, so bietet sich uns eines aus der Physik an, das mir in anderen Zusammenhängen einmal begegnete: das Bild eines astatischen Magnetnadelpaares. Hier liegen die Nadeln jeweils mit dem Gegenpol übereinander und sind so vom Erdmagnetismus abgelöst, sind dafür ungemein empfindlich gegen alle, noch die leisesten Änderungen in den elektromagnetischen Spannungen der Umwelt. So könnte man sagen, daß bei der schizoiden Persönlichkeit die beiden oben beschriebenen Grundimpulse sich gegenseitig »erden«, paralysieren, was dann die typische Richtungslosigkeit und gleichzeitige ungemeine Labilität ergibt. Zur Abrundung sei noch angedeutet, daß die depressive Persönlichkeit beide Grundimpulse nicht als Subjekt erlebt, nicht als ein freiwilliges sich ihnen Überlassen, sondern daß sie von ihr ebenfalls als Forderung erlebt werden, die nicht erfüllen zu können wiederum schuldhaft empfunden wird.

Die dargestellten Gesichtspunkte sind mir aus der Praxis und aus der Notwendigkeit erwachsen, die erlernte »klassische« psychoanalytische Methode bei verschiedenen Neurosen abzuwandeln, um den neurosenspezifischen Schwierigkeiten therapeutisch gerechter zu werden. Ich habe darzustellen versucht, wieweit man bei verschiedenen Neurosen Vorschläge typischer Abwandlungen der »Technik« machen kann, die – unter Beibehaltung der analytischen Methode im Großen – vielleicht helfende Ergänzungen sein können.

Über Neurose-Strukturen und deren spezifische Behandlung (1958)

Die Vielfalt neurotischer Erscheinungen pflegen wir heute zusammenzufassen in vier Formenkreise oder Strukturen: wir unterscheiden schizoide, depressive, zwanghafte und hysterische Persönlichkeiten. Bei aller Verschiedenheit der Krankheitsbilder einer Strukturgruppe hat man doch immer wieder den Eindruck, daß bei ihnen ein Gemeinsames, Charakteristisches, für diese Strukturgruppe offenbar Typisches, ein Grundproblem vorliegt, das gleichsam das eigentliche, zentrale, das Schlüsselproblem ist, an dem wir die Krankheitsbilder einer Gruppe aufrollen und aus dem wir sie verstehen können.

Das führt zu der Vermutung, daß offenbar hinter diesen Formenkreisen bestimmte Gesetzmäßigkeiten stehen; wenn diese Gesetzmäßigkeiten gestört sind, wird der Mensch neurotisch. Um daher Neurosen verstehen und behandeln zu können, brauchen wir das Wissen um diese Gesetzmäßigkeiten, die Kenntnis der Erscheinungs- und Äußerungsformen der Neurosen und das Wissen um die spezifisch auftauchenden therapeutischen Schwierigkeiten und deren Behandlungsmöglichkeiten. Auf diese Punkte will ich hier eingehen, zunächst auf die Gesetzmäßigkeiten.

Der Mensch erscheint ausgespannt zwischen vier Grundimpulsen, von denen jeweils zwei polare Gegensätze sind; das eine Gegensatzpaar läßt sich beschreiben im Streben nach

Dauer und, entgegengesetzt, im Streben nach Wandlung, das andere nach Selbstbehauptung und anderseits Selbsthingabe. Der Mensch soll also paradoxerweise immer gleichzeitig polare Impulse leben, wenn er nicht erkranken will. Er soll die Wandlung, die Veränderlichkeit und Vergänglichkeit, das Streben nach Neuem annehmen wie gleichzeitig die Dauer, Stabilität, die regelmäßige Ordnung und Unveränderlichkeit anstreben; er soll weiterhin die Selbsthingabe, die Anpassung, das Sicheinfügen und die Du-Findung verwirklichen wie sich um Selbstbehauptung, Unabhängigkeit, Einmaligkeit, Ich-Findung bemühen. Mit anderen Worten: der Mensch soll sowohl den ewigen Wandel im Sein als auch die zeitlose Dauer und Wiederkehr bejahen, soll ferner Er-Selbst als Individuum werden und zugleich in Selbstaufgabe als Glied einer größeren Gemeinschaft sich an überpersönliche Zusammenhänge hingeben.

Wahrhaft eine schwierige und fast unlösbar erscheinende Aufgabe und Zumutung. Suchen wir nach einem Beispiel, wo uns das vorgelebt wird, so stoßen wir auf die Gesetzmäßigkeiten unseres Weltsystems. Seine lebendige Ordnung wird nur garantiert dadurch, daß hier die vier Grundimpulse ausgewogen nebeneinander vorhanden sind als zentrifugale Fliehkraft und andererseits zentripetale Schwerkraft, als Drehung um die Eigenachse (Rotation) und andererseits Drehung um eine größere Mitte (Revolution) und Einordnung in das Ganze.

Stellen wir uns einmal vor, daß unsere Erde einen der Grundimpulse verabsolutieren würde. Lassen wir sie nur noch zentrifugalen Impulsen folgen, würde das zum sinnlosen Ändern, zu chaotischer Willkür führen. Würde die Erde nur noch zentripetalen Kräften gehorchen, wäre der Erfolg sinnloses Stehenbleiben, und sie müßte in der Erstarrung enden. Würde die Erde die Drehung um die eigene Achse verabsolutieren, überschritte sie die Größenordnung eines Planeten und würde sich als Sonne gebärden; und lassen wir sie die Eigendrehung aufgeben und nur um ein Größeres kreisen, so unterschritte sie ihr Planetengesetz und würde lediglich zum Monde.

Übersetzen wir nun dies ins Menschliche, Psychologische, so ergeben sich überraschende Aspekte. Würde der Mensch nur zentrifugal leben, also nur Wandlung und Veränderung suchen, so wäre er immer auf der Flucht, würde er planlos expansiv und in Willkür und Regellosigkeit enden — das Problem der Hysterie. Würde der Mensch nur zentripetal leben, also nur die Dauer, Unveränderlichkeit, das Streben nach Sicherheit, Absolutheit, das Haften am Gewohnten bejahen, würde er starr und unlebendig — das Problem der zwanghaften Persönlichkeit. Würde der Mensch auf die Eigendrehung verzichten und sich mondhaft nur um ein anderes drehen, müßte er die Ich-Werdung aufgeben und würde in der Selbstaufgabe und Nur-Anpassung enden — das Problem der depressiven Persönlichkeit. Und würde der Mensch schließlich nur die Eigendrehung leben, bedeutete das ein Streben nach absoluter Autarkie, Unabhängigkeit und Eigengesetzlichkeit — das Problem der schizoiden Persönlichkeit.

Wir können also die vier Neuroseformen lesen als Fehlantworten auf die bzw. als einseitige Lösungsversuche der eingangs erwähnten Gesetzmäßigkeiten, denen wir unterliegen. Die Genese des einzelnen zeigt uns dann die Ursachen, warum und wodurch die lebendige Entwicklung der Grundimpulse gestört wurde, und zugleich die Stärke der Störung durch die Intensität der Störfaktoren und deren zeitlichen Ansatz in der Biographie. Um dies in ganz kurzen Strichen zu charakterisieren: Wenn ein Kind etwa von der Geburt an zu viel allein ist, die Welt als leer, fremd, kalt, fern, bedrohlich, unannehmbar und nicht bergend erlebt, so wird die Hinwendung zum Du gestört oder unmöglich gemacht, und es wird sich selbst zum Objekt nehmen müssen und alle Kräfte für die Selbstbehauptung (»Eigendrehung«) brauchen und schizoide Züge entwickeln.

Wenn ein Kind — einsetzend oft schon im ersten Lebensjahr, in der »oralen« Phase *(Freud)* — chronisch überfordert wird, ganz frühe Mangelerlebnisse hat und alle Kräfte für die Anpassung braucht, so kann es seinen Eigenrhythmus nicht entwickeln, seinen Eigen-Willen, es muß sein Ich opfern und wird depressive Züge entwickeln.

Wird ein Kind vor allem von der »analen« *(Freud)* und »motorisch-aggressiven« Phase an (2.—4. Jahr) in seinen expansiven Impulsen beschnitten durch Tabus, starre Prinzipien, Zwang und Intoleranz, so kann es kein lebendiges Wagen riskieren, kann nicht unbefangen und spontan sein und wird zwanghafte Züge entwickeln.

Und wenn ein Kind schließlich — vor allem in der »genitalen Phase« *(Freud)*, 4.—6. Jahr — zuviel Regellosigkeit, Willkür, Relativität und »Freiheit« erlebt, zu wenig »Halt« erfährt, zu wenig Identifizierungsmöglichkeiten, so wird es unverbindlich leben, keine klaren Vorstellungen von der Wirklichkeit und ihren Gesetzen erwerben und hysterische Züge entwickeln.

Gehen wir nun zu den Erscheinungs- und Äußerungsformen der Neurosen über. Wir wollen uns dabei immer vorschweben lassen, welcher der vier Grundimpulse — neurotisch verabsolutiert — dabei das Schlüsselproblem ist, weil aus dieser Vorstellung sich die Erscheinungsbilder leichter verstehen lassen, die charakteristischen Verhaltensweisen ableitbar sind. Wir gewinnen dabei auch den Aspekt, daß wir die Neurosen als gleichsam Zerrformen gesunder Verhaltensweisen sehen können und daß wir »hinter« dem Schizoiden, Zwanghaften usf. den gesunden Grundimpuls kennen, den bzw. dessen Verhältnis zu den anderen es lebendig zu integrieren gilt.

Kommen wir nun zu kurzen beschreibenden Bildern der

vier Neurosestrukturen, wobei hier natürlich nur das spezifisch Wichtige angegeben werden kann.

Die *schizoiden* Persönlichkeiten sind nach den obigen Ausführungen gekennzeichnet durch eine überwertige »Eigendrehung«. Dieses um sich selbst Kreisen hat zur Folge eine immer lockerere Beziehung zur Umwelt; daher ist man auf »Wähnen« angewiesen, was draußen und im anderen vorgeht, weil nur vertraute Nähe sicheres Wissen ermöglicht, Ansätze der Weltkenntnis und Welterfahrung. So steht man der Welt mit der Grundgestimmtheit eines Urmißtrauens gegenüber und neigt zum Projizieren der eigenen Psyche in die Welt bis zum Wahn. Wegen der Distanz zur Welt kann man diese Projektionen schwer korrigieren. So wird die Grenze zwischen Ich und Nicht-Ich fließend und schwankend. Dies erklärt u. a. die typische Kontaktlabilität, den schroffen Affektwechsel und Extremismus, das Erlebnis der »Glaswand« *(Kretschmer)* zwischen sich und der Welt. So wird sich ein solcher Mensch immer mehr selbst zum Objekt nehmen müssen, von sich auf andere schließen, er wird wachsend vereinsamen, isoliert, und wird das auszugleichen versuchen durch Streben nach weitestgehender Unabhängigkeit, Autarkie bis zum Autismus. So entwickelt er immer stärker Angst vor Nähe, Abhängigkeit, Hingabe. In der Tiefe, im Unbewußten aber konstelliert sich immer drängender die Hingabesehnsucht, die mit proportional wachsender Angst vor dem Du abgewehrt werden muß, da sie Selbstaufgabe und ein völliges Sich-Ausliefern zu bedeuten scheint — weil ja die gesunden Erfahrungen fehlen.

Die *depressiven* Persönlichkeiten sahen wir gekennzeichnet durch überwertige Anpassung, durch den Mangel an »Eigendrehung«. Diese Anpassung möchte bis zur Selbstaufgabe, zum Selbstopfer als einzig möglicher »Lösung« gehen über leichtere Zwischenphasen der Einfühlung bis zur Identifizierung. Da man keinen Eigen-Willen entwickeln konnte, erlebt man folgerichtig die Welt nur mit Forderungscharakter, dem man als Objekt ausgeliefert ist, und man glaubt, all diese Forderungen erfüllen zu müssen. So kann man nicht Subjekt sein, fürchtet nichts mehr als das, kann daher nicht planen, hat keine Zukunft, kann nicht selbst fordern, fragen, nehmen. Man versucht die Verzichtslinie, ideologisiert sie, was immer nur bis zu einer gewissen Grenze möglich ist, — dann kommt es zur Bitterkeit, zu der allmählich alles erfüllenden Gestimmtheit der Mut- und Hoffnungslosigkeit bis zum Suizid. Begleitet ist das von tiefen Schuldgefühlen, weil man ja der Welt immer etwas schuldig bleibt, und wohl auch, weil man vor der Ich-Werdung ausweicht. Im Unbewußten konstellieren sich die ungekonnten Wünsche und Ansprüche ins Riesenhafte.

Die *zwanghaften* Persönlichkeiten beschrieben wir als diejenigen, welche den zentripetalen Impuls zu verabsolutieren versuchen. Nichts soll sich verändern, alles soll so und nicht anders sein — damit verfällt man einem klebrigen, zähen Haften, einem Mangel an Spontaneität; Sicherungshaltungen werden überwertig. Vor alles Handeln wird ein Zögern, ein Hiatus eingeschaltet, und nun wird gezweifelt, gegrübelt, abgewogen, hinausgeschoben — bis es zu spät ist. So ist man unentschlossen, bleibt immer in der Vorbereitung stecken und versandet mehr und mehr in Starre, Gewohnheit, Prinzipien, Dogmen, in »Palmströmhaltungen« (»weil, so schließt er messerscharf, nicht sein kann, was nicht sein darf«) und lebt nach dem Sprichwort »Wer einmal lügt, dem glaubt man nicht«, also nach absoluten, lebensfernen und lebensfeindlichen Maßstäben. Sparsamkeit, Pedanterie und Eigensinn nannte schon *Freud* als typisch für diese Strukturen. So leben sie einen unerfüllten Perfektionismus, der sie sich und andern gegenüber intolerant und tyrannisch macht — in der unbewußten Tiefe aber konstelliert sich die Sehnsucht nach Lebendigkeit und Risiko.

Die *hysterischen* Persönlichkeiten versuchen im Gegensatz

dazu, das Zentrifugale extrem zu leben. So werden sie überspontan, impulsiv-unüberlegt, unverbindlich bis zur Willkür. Sie leben ganz aus dem Augenblick heraus, ihre Maxime ist gleichsam »Einmal ist keinmal«, alles ist relativ, nicht verpflichtend. So leben sie ein Leben in Fragmenten und wie punktförmig, immer ausprobierend, wie weit man gehen kann, unhistorisch, gelangen so nur zu einer Pseudorealität, die nie befriedigt, weil sie ihre vorherrschende Wunschwelt nicht an der Wirklichkeit korrigieren und so von dieser immer wieder enttäuscht werden. Dann jagen sie weiter nach vorn, »planlos aktiv« *(Schultz-Hencke),* überwertige Geltungssucht soll immer mehr die Unsicherheit in der Welt kompensieren – dahinter konstelliert sich im Unbewußten die Sehnsucht nach dem »Halt« in seiner doppelten Bedeutung.

Vielleicht ist an diesen kurzen Bildern das Wesentliche deutlich geworden; die Anreicherung und Differenzierung dieser Bilder ist beim Ausgehen von der Vorstellung des jeweils einseitig-überwertig gelebten Grundimpulses nicht schwer.

Die Beschreibung obiger Erscheinungsformen der Neurosen enthält nun schon die wichtigsten Hinweise auf das spezifisch Wichtige in der Therapie, und so komme ich zum letzten Punkt meiner Ausführungen, zu den spezifischen Schwierigkeiten und andererseits therapeutischen Ansätzen in der Behandlung.

Die sog. klassische analytische Methode der Behandlung fußt auf folgenden Eckpfeilern: auf der analytischen Situation (wo der Patient entspannt auf einer Couch liegt, der Therapeut nicht in seinem direkten Gesichtsfeld hinter ihm sitzt). In dieser Lage wird der Patient aufgefordert, locker seine Einfälle (»freies Assoziieren«) mitzuteilen, zu erzählen, was in ihm vorgeht, was er erlebt, mit größtmöglicher Aufrichtigkeit. Das breite und detaillierte Erzählen seiner Lebensgeschichte, das Hinzunehmen der Träume und der Traumanalyse, der

Vorgang der Übertragung (die Wiederholung erworbener Einstellungen usf. am Analytiker) und die Charakter- und Haltungsanalyse sind die weiteren Kernstücke.

Diese Grundmethode bedarf gewisser Abänderungen im neurosenspezifischen Sinne; das differenzierte Wissen um die neurotischen Krankheitsbilder erfordert differenzierte Behandlungsmethoden. Der Mangel an gründlicher Kenntnis und reichen Vorstellungen der neurotischen Strukturen sowie eine zu schematische »Technik« der Behandlung sind die Hauptquellen von vermeidbaren therapeutischen Mißerfolgen.

Bevor ich auf die neurosenspezifischen Abwandlungen eingehe, möchte ich etwas Grundsätzliches klarstellen. Die Neurose ist kein fertiges Gebilde, sondern sie ist ein immer im Flusse befindliches Geschehen, ein Prozeß des Lebens. Das Voranschreiten des Lebens bietet uns allen, auch dem Neurotiker, immer wieder Chancen und zugleich Gefahren: die Chance der Befreiung von erworbenen »patterns« durch eine schöpferische Neuantwort oder aber die Gefahr des Ausweichens und des tiefer Einspurens neurotischer Verhaltensweisen durch Fehlantworten. Dies führte mich zum Begriff der »Keim-Situationen« als der Stelle, wo die Entscheidung gegeben ist zwischen neuer schöpferischer Antwort oder krankhaft-reflexhafter Reaktion. Jede Neurosenform hat ihre charakteristischen Keimsituationen, an denen also die Gefahr besteht, die kranke Reaktion zu vertiefen, oder die Chance, sich etwas aus ihr zu lösen; das Erkennen und Aufspüren dieser neurosenspezifischen Keimsituationen ist therapeutisch besonders wichtig als Ansatzpunkt einer spezifischen Therapie, weil in ihnen im Kleinen und oft kaum Wahrnehmbaren sich das jeweilige Kernproblem der Struktur spiegelt.

Gehen wir nun zur Beschreibung der Punkte über, die für die Therapie der *schizoiden* Persönlichkeiten wichtig sind. Diese Patienten sollte man nur liegen lassen, wenn sie selbst dem zustimmen, das Liegen nicht als unabdingbare Forderung stellen. Sonst kann es zu schweren Angstanfällen kommen und zum Wegbleiben. Das Liegen, mit dem Therapeuten im Hintergrund, würde die Kontaktscheu und Kontaktlosigkeit noch unterstützen, das ungemeine Mißtrauen würde auch verfrühten und daher gefährlichen paranoiden Projektionen Vorschub leisten, denen das Ich des Patienten noch nicht gewachsen ist. Wichtig ist, daß man die meist sehr lebhaften und oft scharf geäußerten Aggressionen des Patienten (Gefahr der Gegenübertragung!) als Abwehr seiner Zuwendung, ja Zuneigung zu lesen versteht, aus jener Angst vor Nähe und Abhängigwerden. Feste Stunden, dichtes Arbeiten ist unerläßlich, ebenso gleichmäßige wohlwollende Zuwendung. Auf die Genese sollte man nicht drängen wegen der Gefahr der Symptomverstärkung oder -entwicklung, mehr tangential sie streifen, überhaupt sich mehr vom Patienten und seinem Unbewußten führen lassen, da man sonst leicht zu früh Dinge mobilisiert und in die Lage des *Goetheschen* Zauberlehrlings kommen kann. Als Grundformel könnte man einsetzen: Verstehen ist wichtiger als Korrigieren der Projektionen und oft seltsamen Verhaltensweisen, Verstehen und vorsichtiges Deuten. Die Übertragung soll man annehmen und ihr Zeit lassen, eine Beziehung nicht zu früh anstreben, also nicht zuviel »werben«, weil dies nur zu verstärktem Sichzurücknehmen führen würde. Auch bei der Traumdeutung Vorsicht wegen Gefahr der Überschwemmung vom Unbewußten, der Inflation *(Jung)*. Dagegen ist jedes Ventil wichtig, das eine Erleichterung bringen kann, wie Malen, Schreiben, Kneten usf.

Die typischen Keimsituationen dieser Kranken lassen sich folgendermaßen beschreiben: Angst vor Nähe, Zuneigung, Hingabe; sie können sehr viel leichter aggressiv, negativ und kritisch sich äußern und verhalten als bejahend und annehmend; gehäufte Reaktionen überwertigen und inadäquaten

Mißtrauens, das zum »Auskuppeln« führt und zur bleibenden oder wachsenden Distanz zur Welt. Die therapeutische Intervention zielt auf den Aufweis, wie viele Situationen durch Sich-isolieren und Unabhängigbleibenwollen sich erschweren, was viel zu teuer erkauft wird. Zulassen von Gefühlsregungen (vor allem positiven) muß mit der Zeit riskiert werden, um neue Erfahrungen zu machen, die die alten korrigieren können, da sonst der typische Teufelskreis entsteht: mißtrauisches Sich-der-Welt-nähern läßt die Welt vorsichtig anworten, dies wird als Ablehnung oder Feindseligkeit gedeutet und führt zu tieferem Mißtrauen usf. Langsames Lernen des Unterscheidens zwischen subjektiver und objektiver Wirklichkeit.

Einige Beispiele: Ein Patient dieser Struktur sagt nach längerer Arbeit: »Merkwürdig, wenn ich zu Ihnen komme, ist der Gang zu Ihrem Zimmer kürzer, als wenn ich gehe.« Das heißt »normalpsychologisch«: Ich komme gern zu Ihnen. Der gleiche Patient nahm – was auch typisch für diese Kranken ist, weil sie ihre Unsicherheit in der Welt durch äußerst scharfes Beobachten auszugleichen versuchen – eine Veränderung in meinem Behandlungszimmer wahr (Umhängen eines Bildes). Seine Reaktion: »das haben Sie nur gemacht, um meine Reaktion zu prüfen« – ein schönes Beispiel für den »sensitiven Beziehungswahn« *(Kretschmer)* und das mißtrauische dauernde »Sich-getestet-fühlen«, das bei einer Patientin dieser Art so weit ging, daß jedes Verhalten von mir als »Methode, Trick, Technik, Absicht« gedeutet wurde, womit sie u. a. natürlich jeder sich anbahnenden echten Beziehung auswich. Und noch ein großartiges Traumbild einer schizoiden Patientin, das sozusagen die vollendete Autarkie darstellt: »Ich stehe an einem Teich, aus meinem After wächst eine Kotwurst hervor, die am Rücken hoch über meinen Kopf und mir in den Mund wächst« – die vollendete Unabhängigkeit im Sich-aus-sich-selbst-ernähren und Regenerieren in einem geschlossenen Kreislaufsystem ohne Ende.

Bei den *depressiven* Kranken sind folgende Punkte besonders wichtig: Auch ihn lasse ich anfangs nicht liegen, denn diese Situation würde den schon vorhandenen Objektverlust nur noch unterstützen, die Bereitschaft zur Resignation, würde zugleich eine neue Hilflosigkeit konstellieren, weil der Kranke das Subjektsein ja noch gar nicht gelernt hat und so die analytische Situation als eine neue Überforderung erleben muß. Den Depressiven muß man mehr anbieten, vorfantasieren, Beispiele aus anderen Analysen bringen, was sehr hilft: man muß ihnen Einfälle vorfantasieren und Zukunftsmöglichkeiten, die Wunschseite, die Hoffnung ansprechen. Zu frühes und tiefes Eingehen auf die Genese deprimiert nur noch mehr, weil nur Negatives, Mangelerlebnisse usf. auftauchen würden. Wichtig ist, die regelmäßig in großer Breite vorhandene Neigung zur Überverantwortung aufzuzeigen. Damit kommen wir schon zu den für die Depressiven charakteristischen Keimsituationen: das zu frühe Resignieren, gar nicht erst Versuchen, weil ja doch alles aussichtslos und hoffnungslos ist; im Alltag äußert sich das im Nicht-fragen-, -fordern-, -zugreifen-können, Nicht-nein-sagen-können, was immer wieder den Ansatz für weitere Hemmungen abgibt. Um die quälende Tantalussituation – Wünsche zu haben, Reize zu empfinden und doch nicht an die Welt heranzukönnen – zu lösen, werden seelische Skotome entwickelt, Reizfilterung als Schutzmaßnahme, Saure-Trauben-Politik. Ein wichtiger Ansatz ist, daß solche Menschen – ohne es zu wissen – sich chronisch überfordern lassen, weil sie es gewohnt sind, weil sie nicht nein sagen können, und so sehen sie immer ein Gebirge von Forderungen vor sich, ohne zu realisieren, daß die Forderung aus ihnen selbst kommt. Sie können nicht Subjekt sein, oft nicht einmal in der Fantasie, und, wie gezeigt, schützen auf die Dauer Bescheidenheits- und andere Ideologien auch nicht. Aus dem dauernden Nichterfüllen der projizierten Forderungen ergibt sich eine chronische schuldhafte Tönung der Gesamtstimmung bis zu tiefer Verzweiflung.

Ein Beispiel: Eine depressive Patientin lebte in Untermiete bei einer primitiven, ganz braven Frau mit Gluckenmutterinstinkten; in der Wohnung lebten noch die Tochter, der Sohn mit seiner jungen Frau, die von der Familie nicht recht akzeptiert wurde und sich durch Divahaltungen rächte. Die Patientin kam müde von der Arbeit heim; die Wirtin rief sie in die Küche zu einem »kleinen Plausch«; weil das so nett von ihr war, »mußte« die Patientin nun die ganze Familie zu ihrem Kaffee einladen; die Tochter bewunderte ihre Kleider — also »mußte« sie ihr eins schenken, weil jene so wenig hatte im Vergleich zu ihr. Der Sohn flirtete mit der sehr charmanten Patientin, und obwohl er ihr gleichgültig war, »durfte« sie ihn natürlich nicht enttäuschen, »mußte« ihm hin und wieder einen heimlichen dankbaren Blick zuwerfen. Zugleich versuchte sie, die Schwiegertochter ins Gespräch zu ziehen und die gespannte Stimmung zwischen ihr und der Familie zu mildern. So war sie nach über einer Stunde müde, zerschlagen, depressiv, und nun kompensierte sie — dies war ihr Hauptsymptom — durch einen unwahrscheinlichen Freßdrang, wenn sie allein in ihrem Zimmer war.

Bei den *zwanghaften* Persönlichkeiten ist das Liegen wichtig, weil sie nicht entspannen, geschehenlassen können; im Liegen können sie schwerer im Rationalen, Bewußten bleiben. Man muß bei ihnen überall die Spontaneität stützen, in den Einfällen, evtl. durch Assoziationsübungen, durch »Bildernlassen« das Emotionale anregen, evtl. auch durch Malen usf. Ebenso sollte auch Motorik entwickelt und die aggressive Seite angesprochen und untersucht werden. Prinzipielle Auseinandersetzungen sind zugunsten freier Einfälle zu vermeiden, weil man sonst bald auf unbeantwortbare Fragestellungen kommt, z. B. ob das Ei früher als die Henne sei oder umgekehrt – hinter solchen Spitzfindigkeiten werden dann die eigentlichen Probleme versteckt. Wichtig ist, die Beziehung zu Zeit, Geld, Besitz gründlich durchzuarbeiten, weil im Verhältnis dazu das Kernproblem am ehesten sichtbar zu werden pflegt: die überwertig sichernden Haltungen.

Die für die zwanghaften Strukturen charakteristischen Keimsituationen sind vor allem folgende: Zweifeln statt Riskieren und Anfangen; Aufschieben statt Entschließen und Entscheiden, mit immer neuen Rationalisierungen. Zaudern, Zögern, Bedenken, Vor(aus)sicht, Skrupel als Schutzhaltungen vor Aktivität; Einschieben des erwähnten Hiatus als Schutz vor Spontaneität. Man muß auf breiter Basis immer wieder aufzeigen, daß immer da, wo ein Zwang, ein Dogma, ein starres Prinzip angewendet wird, dahinter eine Angst vor dem Leben eines lebendigen Impulses steht. In der Analyse selbst gibt es viele Gelegenheiten, aufzuweisen, wie wenig der Patient in der Lage ist, sich gehen zu lassen, wie er sich immer »zusammennimmt«, sich kontrolliert, sich in der Hand behalten will. Die Absolutheitsforderung und die Neigung zum Perfektionismus lassen sich ebenfalls leicht zeigen, wie auch die Tendenz, Geschehenes zurückzunehmen, gefällte Entscheidungen anzuzweifeln oder zu widerrufen, die schon von *Freud* beschriebene Zweizeitigkeit des Verhaltens. Der zwanghafte Mensch ist gleichsam immer in der Lage von Buridans Esel, der zwischen zwei gleich schönen Heubündeln verhungerte, weil er sich nicht entscheiden konnte, von welchem er zu fressen anfangen sollte. Auch die Neigung, vor lebendigem Handeln usf. auszuweichen in die Fantasie, in Ideologien, Logik, Systeme muß bewußt gemacht werden und die Frage gestellt werden, wovor jeweils in diese Ausweichhaltungen abgebogen wird.

Wieder ein Beispiel einer Patientin dieser Struktur – der hier gebrachte Brief geht um die Entscheidung, ob sie eine Analyse bei mir vornehmen oder statt dessen in einen Kurort gehen solle:

»Herzlichen Dank für Ihren Brief! Er hat mich in schwerste Konflikte gebracht, ich weiß nicht, ob meine Entscheidungsneurose schon bei Ihnen zur Sprache kam. Wahrscheinlich nur ganz oberflächlich.

Ich hatte gerade an Bad X geschrieben, von wo man mich um definitive Zu- oder Absage bat, daß ich am 15. 7. mich entscheiden und schreiben würde. Inzwischen kam Ihr Brief mit der Mitteilung, daß ich doch evtl. bei Ihnen arbeiten kann. Seither bin ich nun am Schwanken, der Zustand ist abscheulich. Das Ende vom Lied wird sein, daß Bad X auch besetzt ist, wenn ich mich dafür entscheiden sollte. Dabei ist eigentlich die Entscheidung ganz einfach: ich habe nämlich für München nicht genügend Geld. Ich setze die Summen, die notwendig sind, immer wieder untereinander, aber es will nicht reichen. Also geht's doch nicht. Und dann denke ich immer wieder, wie sehr notwendig es wäre, wie dringend sogar. Ich male mir aus, daß sich vielleicht die ewigen, anscheinend organischen Erkrankungen bessern könnten, eben doch etwas für mein Allgemeinbefinden und meine Schwierigkeiten, die da sind, Positives ergeben könnte.

Dann habe ich ja auch keine Unterkunft in München. Nach Bad X könnte ich dieses Jahr sicher wieder – aber ist es nicht zu anstrengend, täglich zu fahren? Ich darf das unter gar keinen Umständen wieder tun. Wenn ich daran denke, daß ich wieder so ins Ungewisse fahren soll, wird mir angst und bange. Ein Krieg kommt ja wohl anscheinend nicht!

Ich nehme an, daß Sie entsetzt sind über meine Unentschiedenheit. Aber Sie sind ja Analytiker! Und Sie wissen, daß ich selbst einen Mann, den ich gern hatte, nicht geheiratet habe, weil ich mich nicht entscheiden konnte dazu. Und hinterher war's zu spät! Und jetzt wird's mit der Reise auch so werden. Schließlich geht weder das eine noch das andere. Es bleibt immer bestehen, daß München, was das Geld anlangt, etwas ängstlich ist. Das ist eine Realität. Sorgt man nicht normalerweise erst besser fürs Geld und reist dann in Ruhe? Nächstes Jahr im Mai und Juni könnte ich bestimmt gut so weit sein. Bis jetzt bekamen wir zweimal nur halbes Gehalt. Von jetzt ab geht's dann aber normal.

Ich denke, ich nehme Bad X, selbst wenn ich hinterher auch nach München schreie. Das ist das, was ich geldlich gut, ohne Sorge erschwingen kann. Bekomme ich nun von da die Nachricht, daß man mir so lange nichts reservieren konnte, entscheide ich mich dann vielleicht doch noch für München. Und für diesen Eventualfall möchte ich von Ihnen gerne wissen, ob ich die Stunden am 15. 9. bezahlen kann und ob ich vom 7. 8.–7. 9. arbeiten kann mit Ihnen.

Das ist eine schwere Geburt!! ... Wenn ich dies alles so hinschreibe, meine ich, unbedingt sofort ein Stück weiter analytisch arbeiten zu müssen, aber – es bleibt, wie es ist!

P.S.: Ich kann mich nicht entscheiden, es ist quälend. Ich will mal sehen, ob Bad X noch freigehalten hat. Wenn ich nur wüßte, ob Sie bis zum 7. 9. da sind und ob ich am 15. 9. bezahlen könnte. Vielleicht schicke ich ein Telegramm.« (Sie kam dann doch zur Analyse.)

In der Therapie der *hysterischen* Persönlichkeiten ist wieder das Liegen wichtig, weil sie dann schwerer ihrer Neigung, »Konversation« zu machen und der analytischen Situation auszuweichen, folgen können. Wegen der gleichen Neigung zur Distanzlosigkeit muß man hier früh die Übertragung analysieren und nicht anwachsen lassen. Der »Vertrag«, das genaue Durchsprechen des therapeutischen Vorgangs ist hier unerläßlich, um unbestimmte Erwartungsvorstellungen von Wunderheilungen usf. zu unterbinden sowie um klarzustellen, welche Mitarbeit vom Patienten erwartet wird. Die wichtigsten Keimsituationen hier sind folgende: Bewußtmachen der Neigung, den eigenen Schatten auf andere zu projizieren, immer anderen die Schuld zu geben – was meist auch dazu führt, daß diese Patienten vorwiegend von anderen in der Analyse sprechen statt von sich. Unechtheit des Verhaltens sollte immer aufgegriffen werden, das Rollenspielen usf. Dann die ungenügende Realitätsprüfung im Sinne von Vogel-Strauß-Politik oder nach dem Motto des »Was ich nicht weiß, macht mich nicht heiß«. Diese Menschen wollen meist zu früh zu viel, vergessen, verdrängen zu leicht das Unangenehme und Störende oder deuten es wunschgemäß um, sehen das Wunschziel, ohne die Schritte, die zur Verwirklichung führen könnten, einzubeziehen, weshalb sie immer wieder und tiefer vom Leben und von sich enttäuscht werden und nun immer extremer das auszugleichen versuchen. Ausprobieren, auf die Spitze Treiben, ad absurdum Führen in Eulenspiegeleien sind weitere typische Keimsituationen. Ferner das zu weit Gehen, das Überspringen kleiner Schritte, das zuviel Versprechen, zuviel Riskieren, was nicht genügend unterbaut ist, und aus alldem ein Mangel an klarer Planung und Zielstrebigkeit. Eine weitere typische Klippe liegt in der Neigung, zu relativieren, sich immer ein Hintertürchen offenzulassen und so in großer Breite letztlich unverbindlich zu leben, was schließlich dazu führt, daß man die eigenen Grenzen und Möglichkeiten nie wirklich kennenlernt.

Wieder ein Beispiel: Ein von seiner Mutter vergötterter Patient hat durch diese Haltung der Mutter sich immer selbst überschätzt und sich zu früh an Dinge gewagt, die noch nicht reif in ihm waren – so durchzieht sein ganzes Leben eine Linie von Mißerfolgen, die auf jene Grundformel zurückzuführen sind. –

Die Keimsituationen erscheinen mir so wichtig, weil in ihnen im Kleinen und Kleinsten das Große und Wesentliche mitkonstelliert ist, sich in ihnen spiegelt. So kann man in ihnen das Wesentliche miterfassen; dem Kleinen wird ja auch weniger Aufmerksamkeit zugewendet, so daß – wie etwa der Graphologe gerade aus kleinen Zeichen, die der Aufmerksamkeit des Schreibers entzogen sind, Wichtigstes erkennen kann – in den Keimsituationen der Kranke seine wichtigsten Probleme unbewußt verrät und anbietet.

*Erfahrungen aus der Analyse schizoider und depressiver Persönlichkeiten** *(1962)*

In der Behandlung schizoider und depressiver Persönlichkeiten besteht in der psychoanalytischen Therapie am wenigsten Tradition – ein Erfahrungsaustausch erscheint daher hier am wichtigsten. Historisch gesehen standen in der Entwicklung der Psychoanalyse zunächst die Hysterie und Zwangsneurose im Vordergrund, weil sie damals, soziologisch bedingt, häufiger waren und weil daher an ihnen die psychoanalytische Methode entwickelt wurde. Diese beiden Neurosen wurden als »Übertragungsneurosen« bezeichnet und abgegrenzt von den »narzißtischen Neurosen«, die damit von vornherein als mit der klassischen Methode schwerer angehbar galten wegen des Ausfalls oder der Begrenzung der emotionalen Übertragungsfähigkeit bzw. anderer Übertragungsabläufe, und die daher psychosenäher erschienen.

Ging man mit den Mitteln der klassischen Psychoanalyse an die narzißtischen Neurosen heran, dann kam die Analyse oft nicht in Gang oder der Patient blieb nach wenigen Stunden weg. Noch in meiner Ausbildungszeit in den dreißiger Jahren und später in Institutsstatistiken wurde dann etwa formuliert: Patient hat die Analyse abgebrochen, weil keine

* Vortrag, gehalten am »Institut für ärztliche Psychotherapie in Zürich« am 22. 4. 1961 in der kantonalen Heilanstalt Burghölzli

Übertragung zustande kam. Auf Grund solcher Formulierungen und Mißerfolge – auch eigener – stellte sich mir erstmals die Frage, ob man bei den narzißtischen Neurosen nicht vielleicht die Methode variieren müsse: Sollte man unter Beibehaltung der klassischen Technik nur länger und tiefer analysieren und nicht zu früh die Hoffnung aufgeben, doch noch an früheste Erinnerungen heranzukommen – oder sollte man die Methode selbst variieren und evtl. neurosenspezifisch abwandeln, weil man die an den Übertragungsneurosen gewonnenen Erfahrungen nicht ohne weiteres als Erwartung an die narzißtischen Neurosen herantragen kann?

Bei den Übertragungsneurosen bekam man mit der klassischen Methode reiches Material, das auch leichter verifizierbar war; bei den narzißtischen Neurosen liegen aber die Verhältnisse anders. Über das weitgehend traumhaft-vegetative und unbewußte Sein des Kleinstkindes haben wir wenig wirkliches Wissen. Bei den Frühstgestörten liegen ja die krankmachenden Auslöser auf vorsprachlicher Basis, und es geht bei ihnen in der Therapie darum, dumpf Erlebtes, Gefühltes, Leibsensationen und schwer faßbare Gestimmtheiten als Reaktionen auf Mangelerlebnisse oder auf Reizüberschüttung usw. zu vermuten und zu interpretieren. Weil bei den narzißtischen Neurosen die nicht verarbeiteten krankheitsauslösenden Ursachen so früh liegen, können diese Patienten sie so schwer oder gar nicht formulieren, und verständlicherweise gehen die theoretischen Vorstellungen über das Erleben des Kleinstkindes deshalb am weitesten auseinander. Wenn man an die narzißtischen Neurosen mit den bei den Übertragungsneurosen gemachten Erfahrungen herangeht, liegt darin vielleicht schon die ungerechtfertigte Erwartung, wie bei diesen Realerinnerungen, hier der Frühstzeit, zu bekommen. Gelingt es nun, einen solchen Patienten in der Analyse zu halten mit der klassischen Methode und den an den Übertragungsneurosen gewonnenen Erwartungsvorstellungen, gelingt also die

Rückführung, so geraten die Patienten oft in äußerste Verzweiflung und Abgründe. Indem man sie ihre Genese wiedererleben läßt, stürzt man sie oft in Zustände hoffnungsloser Resignation und existentieller Ängste, was nicht nur sehr quälend, sondern auch gefährlich sein kann. Sie entwickeln dabei schwere Aggressionen, Widerstände usw., die man u. U. als zu ihrem Krankheitsbild gehörend liest und die man dann wieder analysiert, ohne vielleicht genügend zu bedenken, daß die frustrierende Methode daran einen provozierenden Anteil haben kann.

Es scheint mir manchmal so zu sein, daß man bei den narzißtischen Neurosen Erfahrungen macht, die man als Befunde wertet, weil einem bestimmte Krankheitsbilder vorschweben und man danach deutet und wertet – Krankheitsbilder, die sich aber u. U. vom individuellen Patienten zu weit entfernen und gleichsam eine Eigenexistenz führen. Es ist etwas anderes, etwa mit einem hysterischen Patienten seine Ödipusphase durchzuarbeiten, zu rekonstruieren; hierbei kann man damit rechnen, wirkliche Erinnerungen auszugraben, und der genetische Anlaß und die Reaktion darauf sind noch leichter verständlich.

Anders bei den narzißtischen Neurosen. Hier ist der Spielraum für Deutungen viel breiter und damit die Gefahr theoretischer Vor-Urteile sowie struktureigener Auslegungen des Therapeuten gegeben. Dies um so mehr, als diese Patienten aus mangelnder Fähigkeit zu eigener Verifizierung sehr bereit sind, die deutenden Bemühungen des Therapeuten anzunehmen als einen möglichen Erklärungsversuch, dem sie aus eigener Erfahrung keinen besseren gegenüberzustellen haben. Es scheint mir aber bedenklich, das Annehmen der Interpretationen durch den Patienten als Beweis für deren Richtigkeit zu nehmen.

Der Patient kann die Interpretation z. B. annehmen, um nicht völlig ins Leere zu fallen, um nicht die Zuwendung oder

Sympathie des Analytikers zu verlieren; er kann sie also dem Analytiker zuliebe annehmen, oder auch deshalb, um nicht an ihm zweifeln, ihm mißtrauen zu müssen und damit das Stück an Geborgenheit, Getragen- und Gehaltenwerden zu verlieren, das er ja so dringend braucht und das bei ihm m. E. die Übertragung (im Sinne des Wiederholungszwanges) auf längere Zeit ersetzen muß.

Durch solche Deutungen des Analytikers auf Grund von Reaktionen des Patienten, die sich zum Teil durch die Methode ergeben haben, scheint es mir öfter zu einer Dämonisierung* der Persönlichkeit des Patienten, seiner Impulse oder auch seiner Bezugsperson und des Therapeuten zu kommen, die nicht ungefährlich ist. Natürlich ist zu betonen, daß bei solchen Deutungen immer auch Richtiges getroffen und beschrieben wird; aber wir sollten uns dessen bewußt sein, daß kategorial richtig Gesehenes immer nur einen Teilaspekt trifft und nicht die Realität ist. Wenn man sich vergegenwärtigt, daß Patienten bei Therapeuten verschiedener Schulen »schulgerecht« träumen und sich verhalten, ist das nicht ohne weiteres ein Beweis für die Richtigkeit einer Lehre, sondern zunächst nur für die Tatsache, daß all die verschiedenen Ansätze und Erklärungen auch richtige Teilaspekte sind und daß – um ein Sprichwort themagemäß abzuwandeln – es aus dem Unbewußten so herausschallt, wie man hineinrief.

Ich will das an einem sehr einfachen Beispiel verdeutlichen:

Eine depressive Patientin erzählte mir, wie sie einmal nach längerer Arbeit bei einem jungen Analytiker während der Behandlungsstunde hörte, wie eine Kinderstimme ein Lied sang; sie fragte den Analytiker, ob es eines seiner Kinder und ob es

---

* »Dämonisierung« (»dämonisiert«), hier und im folgenden im Sinne einer Projektion der eigenen Angst und Überschätzung der bedrohlichen Aspekte des Gegenübers – oder auch von Impulsen der eigenen Persönlichkeit

ein Junge oder ein Mädchen sei. Er ging darauf nicht ein, sondern fragte zurück nach Einfällen zu ihrer Frage. Sie reagierte beschämt und mit Schuldgefühlen und empfand ihre Frage nun selbst als ungehörig und aufdringlich.

Natürlich ein sehr einfaches Beispiel, aber es zeigt, worauf es mir ankommt: solche und ähnliche Verhaltensweisen lösen beim Patienten oft Reaktionen aus, die man dann als zu seinem Krankheitsbild gehörig liest, ohne vielleicht genügend zu realisieren, wieweit die versagende Methode sie mitbedingt und verschlimmert. Was dem Therapeuten dabei vorschwebte, war wohl, »Material« zu bekommen durch seine Forderung nach Einfällen, ausgehend von der Erwartungsvorstellung der Übertragungswiederholung. Wäre das bei einer hysterischen Patientin vielleicht noch richtig gewesen, weil bei ihr die Frage ein möglicher Widerstand war, ein Ausweichen vor wesentlichen Einfällen, so liegt das bei einem depressiven Patienten anders. Wenn er schon einmal den Mut hat, eine so persönliche Frage zu stellen und damit das Tabu der analytischen Situation zu durchbrechen, sollte man das als Fortschritt und begrüßenswert ansehen. Das unbefangene Eingehen auf die Frage würde vermutlich Einfälle ermöglicht haben wie etwa: Ich durfte ja früher nie direkt etwas fragen, o. ä., womit biographisches Material aufkommt, ohne daß die Patientin erst durch neue Depressionen gehen muß. Natürlich ist die Grenze immer eine sehr schmale, und was hier richtig ist, kann dort falsch sein. Aber zum Prinzipiellen an diesem Beispiel: man kann so unnötige Aggressionen und Depressionen setzen, und ich meine, der Therapeut sollte jeweils kompensatorisch das ansprechen und anbieten, was beim Patienten ausgefallen ist – beim Depressiven also den Mut zum Subjektsein, beim Schizoiden den Mut zum Kontakt.

Zuletzt noch ein Wort über unsere Krankheitsvorstellungen selbst. Wieweit sind überhaupt festlegende Begriffe von Krankheiten bildbar, zutreffend und sinnvoll auf unserem

Arbeitsgebiet, wieweit ist ein lebendiges, einmaliges Individuum damit zu erfassen? Wir pflegen heute mehr von zwangshaften, depressiven usf. Persönlichkeiten, Strukturen, Gehabe oder Typen zu sprechen als von »der Hysterie«, einer »Perversion« usf. als festgelegtem und festlegendem Krankheitsbild, das uns an den Schnupfen von Chr. Morgenstern erinnert, der auf der Terrasse saß und sich auf einen Menschen namens Schrimm stürzte. Das ist mehr als ein veränderter Sprachgebrauch – es steht dahinter eine veränderte Einstellung zum Patienten und zur Krankheit: wir bemühen uns heute mehr, an die Eigenformel eines Patienten heranzukommen. Das bedeutet eine gewisse Beschränkung unserer diagnostischen Aussagen, die wir vorsichtiger und elastischer verwenden müssen, aber vielleicht dafür eine Chance, näher am Konkret-Lebendigen zu bleiben und breitere therapeutische Möglichkeiten zu bekommen, indem wir immer mehr das einmalige Schicksal eines Patienten zu erfassen versuchen über seine »Neurose« hinaus.

Gerade bei den schizoiden und depressiven Persönlichkeiten kann eine festlegende Krankheitsvorstellung zumindest mit *ein* Grund dafür sein, daß wir nicht unbefangen genug an sie herangehen, sie manchmal als schwerer gestört ansehen, als sie es sind; ausgehend von der Vorstellung der psychosenahen narzißtischen Neurosen neigt man leicht dazu, auf Grund zu einem festlegenden Krankheitsbild gehöriger Symptome, etwa von präpsychotisch zu sprechen.

Aus mißglückten eigenen Analysen mit solchen Patienten, aus dem Zweifel, ob das immer tiefere Zurückführen bei ihnen sinnvoll ist wegen der dabei auftauchenden Gefahren, aus der Überzeugung von der Unsicherheit aller unserer theoretischen Deutungen bezüglich der Frühstzeit und wegen der erwähnten Dämonisierung ergab sich mir die Überlegung, bei diesen Kranken nach einem therapeutischen Ansatz zu suchen, der so früh wie möglich dazu zu helfen versucht, zunächst mit den aktuellen Problemen besser fertigzuwerden. Ich habe schon in einer früheren Arbeit* darauf hingewiesen, daß *Freud* selbst einen Spielraum bezüglich der Methode offenläßt, wenn er in »Ratschläge für den Arzt bei der psychoanalytischen Behandlung« schreibt: »Aber ich muß ausdrücklich sagen, diese Technik hat sich als die einzig zweckmäßige für meine Individualität ergeben; ich wage es nicht in Abrede zu stellen, daß eine ganz anders konstituierte ärztliche Persönlichkeit dazu gedrängt werden kann, eine andere Einstellung gegen den Kranken und gegen die zu lösende Aufgabe zu bevorzugen.« Ich möchte diesen Aspekt sogar noch mehr betonen, weil ich meine, daß eine übernommene Methode, die einem nicht entspricht, für den Patienten, die Therapie und einen selbst unecht wäre und schädlich sein kann, und weil die Methode dem Patienten und dem Therapeuten angepaßt werden sollte, nicht umgekehrt. Und an anderer Stelle heißt es bei *Freud* (»Wege der psychoanalytischen Therapie«): »Unsere Technik ist an der Behandlung der Hysterie erwachsen ... Aber schon die Phobien nötigen uns, über unser bisheriges Verhalten hinauszugehen.« So hat *Freud* selbst eindeutig genug gesagt, daß die an der Hysterie gewonnene Technik nicht unverändert auf die Behandlung anderer Neuroseformen angewandt werden kann.

Aber lassen Sie mich nun zur Verdeutlichung zunächst ein paar Bilder skizzieren, an denen ich zeigen möchte, wie ich jeweils zu einem therapeutischen Ansatz zu kommen suchte. Bei *schizoiden Patienten* fand ich häufig ähnliche wie die gleich zu beschreibenden Verhaltensweisen vor, die mir zunächst nur auffielen, die sich aber allmählich immer mehr auf einen Generalnenner beziehen ließen, auf eine Befindlichkeit dieser Patienten in der Welt, die sich so charakterisieren läßt:

---

* »Bedeutung und Handhabung der Gegenübertragung«. Vgl. unten S. 85

bei allen besteht offenbar eine große Angst vor Nähe, Hingabe, Abhängigkeit, vor emotionaler Beziehung und Bindung; sie betonen überwertig ihr einmaliges Individuum-Sein, Besonders-Sein kompensatorisch dazu und versuchen, möglichst ohne Partner auszukommen, autark zu sein.

Ein Patient dieses Typs sagte nach einiger Zeit analytischer Arbeit: »Merkwürdig, wenn ich zu Ihnen komme, ist der Gang, der zu Ihrem Behandlungszimmer führt, immer viel kürzer, als wenn ich gehe« – was ausdrücken sollte, daß er gern kam und einen noch verstehbaren Ansatz bildet zu emotional bedingten Sinnestäuschungen.

Ein anderer hatte in einer schwierigen Situation durch einen Freund eine in seiner Lage recht günstige Stellung vermittelt bekommen, die ihn finanziell rettete und zudem noch auf seinem Interessengebiet lag. Er sagte zu; an dem Tag, an dem er die Stellung hätte antreten sollen, blieb er unentschuldigt weg. (Er wollte niemandem verpflichtet sein und dadurch abhängig werden und projizierte auf den Freund unsaubere Motive.)

Wieder ein anderer saß im Konzert neben einem ihm sympathisch erscheinenden Mann; während des Konzertes spürte er plötzlich, wie von dem Manne farbige Ringe oder Kreise ausgingen, die sich weiteten und auf ihn (Patient) auszudehnen drohten, so daß er bei der nächsten Gelegenheit fluchtartig den Saal verlassen mußte aus Angst, der andere habe magische Fähigkeiten, die er auf ihn anwenden wolle, vielleicht auch homosexuelle Absichten. (Hier ist besonders deutlich die Angst, von jemandem abhängig zu werden, und die Umdeutung eines Sympathiegefühls in eine Bedrohung, aus verdrängten Hingabetendenzen.)

Wieder ein anderer Patient dieser Struktur bekam von seinen Eltern einen Brief, in dem sie sich beklagten, er sei bei seinem letzten Besuch so feindselig gegen sie gewesen; er schrieb zurück: »Gut, dann werde ich eben meine Gefühle abstellen.« (Hier ist gut zu sehen, wie solche Menschen mit ihren Emotionen umgehen: sie können sie – zumindest scheinbar – bewußt zulassen oder abstellen, d. h. sie sollen ganz von ihnen abhängig und dirigierbar sein; man will sie in der Hand haben, um möglichst unverletzlich zu sein.)

Ein Jugendlicher verband eine Klaviertaste mit einem Lämpchen, so daß, wenn die Mutter abends Klavier spielte, an seinem Bett das Lämpchen aufleuchtete beim Anschlagen der Taste. (Hier kann man neben der Sehnsucht nach Kontakt, die man nicht an jemanden direkt herantragen kann, gut erkennen, wie solch eine gestaute Sehnsucht sich »sublimiert« umsetzt und die Basis für spätere technische Berufsinteressen abgeben kann.)

Im Gegensatz dazu einige Verhaltensweisen depressiver Patienten, bei denen mir auch etwas wie ein roter Faden auffiel, der sich durch alle Beispiele hindurchzieht: das nicht Subjekt-sein-Können, kein »Ich« haben, sich überfordern oder überfordern lassen, ohne es selbst zu merken; das nicht Nein-sagen-Können und Erfüllen-müssen der Erwartungen anderer bis zur Erschöpfung; die Angst, den Partner zu verlieren, wenn man ihm etwas verweigert – also die gleichsam masochistische Linie, und schließlich Gebrauchtwerden als Lebensberechtigung, Daseinsberechtigung und daraus sich ergebendes Überangebot der Welt gegenüber.

Eine junge Amerikanerin, Balletteuse, wohnte in Untermiete bei einer »Gluckenmutter«. Wenn sie vom Training heimkam und in ihr Zimmer schlüpfen wollte, erwischte die Wirtin sie regelmäßig und zog sie zu einem »kleinen Plausch« in die Küche. Obwohl sie müde war und vor dem abendlichen Auftritt noch ausruhen wollte, konnte sie nicht nein sagen. Weil es den Deutschen nach dem Krieg noch schlecht ging, »mußte« sie nun die ganze Familie – Hausfrau, etwas ältliche Tochter, Sohn und Schwiegertochter, die nicht recht angenommen war in der Familie und sich durch grande-dame-

Haltungen dafür rächte – zum Kaffee einladen. Die Tochter bewunderte mit deutlichem Neid das schöne Kleid der Patientin, bis diese ihr eins schenkte, das sie selbst noch gern trug; der Sohn kokettierte mit ihr, und obwohl sie sich aus ihm nichts machte, »mußte« sie hier und da ihm einen Blick zurückgeben, um ihn nicht zu enttäuschen, und schließlich »mußte« sie noch die Schwiegertochter ins Gespräch ziehen, um die spürbaren intrafamiliären Spannungen auszugleichen. Nach fast zwei Stunden vertaner Zeit ging sie völlig erschöpft in ihr Zimmer und begann geradezu süchtig zu essen – wegen dieses Freßdranges, der bis zum Stehlen ging, war sie in die Analyse gekommen. (Wohl ein besonders klares Beispiel für das Nicht-Subjekt-sein-Können und das Sich-Überfordern, als wäre man für alles verantwortlich.)

Ein depressiver Patient konnte nichts tun, ohne nach kurzer Zeit es als Forderung zu empfinden: las er ein Buch, hatte er bald das Gefühl, das Buch verlange, von ihm gelesen zu werden, und verlor die Lust; war es ein schöner Tag und schien die Sonne, hatte er das Gefühl, sich darüber freuen zu *müssen*, und das zerstörte ihm die Freude. (Hier ist besonders deutlich, wie solche Patienten sich immer nur als Objekt von etwas erleben und das nicht gelebte Subjektsein nach außen in andere und anderes verlegen.)

Eine Patientin mit Magenulcus zeigte beim Erzählen von Alltagssituationen immer klarer, wie sie sich chronisch überforderte und überfordern ließ: sie hatte einen schwierigen und anspruchsvollen Mann, der Einzelkind gewesen war und sie aus dieser seiner Kindheitssituation heraus völlig für sich mit Beschlag belegte und nichts ohne sie tat; immer mußte sie für seine Wünsche bereit sein, dazu hatte sie noch vier Kinder, von denen eines sehr schwierig war, und die dem Vater nicht auf die Nerven fallen durften, dazu den Haushalt usf. So opferte sie sich nach allen Seiten, fand die Ansprüche der anderen ganz in der Ordnung und hatte scheinbar keine eigenen.

(Hier ist wieder deutlich die Linie des sich chronisch Überforderns und der masochistische Einschlag und wie die Unlösbarkeit der Situation in somatisches Geschehen sich umsetzt.)

Eine andere Patientin bekam Angstzustände und Magenschmerzen, wenn sie in ein Kaufhaus ging. (Bedrängt von der Fülle des Angebotes, das verdrängte Wünsche in ihr anrührte und als Versuchung erlebt wurde, der sie kein wählen- und zugreifenkönnendes Ich gegenüberzustellen hatte.)

Beim Betrachten solcher Verhaltensweisen schizoider und depressiver Persönlichkeiten drängte sich mir immer mehr der Eindruck auf, daß beide Strukturformen – ähnlich wie die Zwanghafte und hysterische – etwas ausgesprochen sich Ergänzendes, Komplementäres aufweisen und offenbar auf einer zu unserem Leben gehörenden Antinomie beruhen, für welche diese Patienten die ihnen angemessene Lösung – denn diese sieht von Mensch zu Mensch verschieden aus – nicht gefunden haben: Distanz, Unabhängigkeit, Autarkie auf der schizoiden Seite stehen Nähe, Abhängigkeit und Ichlosigkeit auf der depressiven Seite gegenüber. So ergab sich für mich als fruchtbar in der Praxis die Vorstellung, daß jeder Mensch u. a. seine ihm angemessene Lösung zwischen Selbstbewahrung und Hingabe (Anpassung) finden müsse, und daß die schizoiden Persönlichkeiten einseitig den einen, die depressiven den anderen Pol zur Vermeidung ihrer Ängste – jeweils natürlich auf Grund ihrer Genese und wohl auch mitgebrachter körperlich-seelischer Bereitschaften – zu leben versuchen.

So versucht der Schizoide überwertig die Selbstbewahrung zu leben, strebt nach Autarkie, betont sein Anderssein als die andern und opfert der Bewahrung seiner Eigenart das die Menschen Verbindende, das Dazugehören, bis zum Solipsismus und Autismus. Im genauen Gegensatz dazu strebt der Depressive vom Ich weg durch Anpassung bis zur Identifikation und durch Grenzverwischung zwischen Ich und Du, klebt am Partner und opfert sein Eigensein dem Partner aus Verlustangst bis zur Selbstaufgabe.

Sind diese Beobachtungen richtig, dann fordert die klassische psychoanalytische Methode von diesen Patienten etwas, wozu sie noch gar nicht fähig sind: vom Schizoiden, daß er sich in dieser völlig neuen und gleichsam unnatürlichen Situation vertrauend einem Partner öffnen soll; vom Depressiven, daß er diese für ihn ebenfalls neue und besonders schwierige Situation meistern soll, die ihm zumutet, sie selbständig-subjekthaft zu gestalten. So werden beide dadurch strukturspezifisch überfordert, und zwar zu einem Zeitpunkt – zu Beginn der Analyse –, zu dem das Wiedererleben ihrer alten Frustrationen zunächst nur quälend ist.

Ausgehend von der Vorstellung, daß dem schizoiden Patienten von ganz früh an ein echter Partner gefehlt hat, daß er daher auf sich selbst zurückgeworfen wurde (weshalb bei ihm u. a. auch die partnerlosen Perversionen überwiegen), sich selbst zum Partner nehmen mußte und daß seine ungekonnte Partnerbeziehung sein Hauptproblem ist, pflege ich bei ihm folgende Abwandlungen der Technik anzuwenden: ich bestehe anfangs nicht auf dem Liegen, nur wenn der Patient selbst es wünscht oder damit einverstanden ist. Erst nach längerer Zeit fordere ich zum Liegen auf, manchmal erst spät; es kann aber auch sehr fruchtbar sein, nach längerem anfänglichen Liegen eine Zeitlang mit dem Patienten im Sitzen zu arbeiten; das ergibt meist völlig neue Aspekte auch in der Übertragung, die sonst viel schwerer oder später aufkämen. Das ungemeine Mißtrauen dieser Menschen wird durch die analytische Situation und den unsichtbaren Therapeuten unnötig unterstützt und kann vermeidbare Ängste, Widerstände sowie eine Inflation durch das Unbewußte hervorrufen. Im Sitzen kann man oft besser übersehen, was im Patienten vorgeht. Gleichzeitig kann der Patient Mimik, Gestik usf. des Therapeuten beobachten, was für ihn und sein zu gewinnendes Vertrauen äußerst wichtig ist. Ich habe die Erfahrung gemacht, daß seitdem selten solche Patienten kurz nach Beginn der Analyse wegbleiben und daß früher oftmals erlebtes Abbrechen von Analysen bald nach dem Beginn wohl wesentlich damit zusammenhing, daß ich lege artis arbeitete. Und wir wissen ja, wie schwierig es gerade für die Schwerstgestörten ist, nach einer begonnenen mißlungenen und abgebrochenen Analyse, zu der sie sich meist mühsam aufrafften, nochmals eine Analyse bei einem anderen Therapeuten zu beginnen. Meist resignieren sie endgültig, riskieren keinen neuen Versuch, aus der Vorstellung, daß ihnen doch nicht zu helfen sei.

Aber noch aus einer anderen Erfahrung heraus bestehe ich hier anfangs nicht auf der analytischen Situation: bei diesen äußerst labilen Menschen weiß man ja nie, wie ein gesprochenes Wort ankommt, was es auslöst; und meiner Erfahrung nach ist ein Wort, in der analytischen Situation gesprochen, unendlich viel gewichtiger als ein im Gegenübersitzen gesprochenes – wohl deshalb, weil in der analytischen Situation der Therapeut einen zusätzlichen magischen und gleichsam Allmachtsaspekt hinzuprojiziert bekommt, der seinen Worten, auch von ihm aus gesehen harmlosen, oft eine ungeahnte Wirkung gibt.

Und schließlich: gerade für diese kontaktarmen und kontaktscheuen Menschen kann der Therapeut in der klassischen Situation, *wenn* sie sich ihm einmal zuwenden, ein solches Gewicht bekommen, im positiven wie im negativen Sinne, daß jedes gesprochene oder auch nicht gesprochene Wort Ungeahntes auslösen kann. Die Vorstellung der »gezüchteten« Übertragungsneurose während der Behandlung, wie sie für die hysterischen und zwanghaften Patienten entwickelt wurde, wäre m. E. für die narzißtischen Neurosen zu diskutieren, weil die Wiederholung der alten Probleme am Therapeuten hier etwas anderes bedeutet als dort. Bei den narzißtischen

Neurosen führt sie zu sehr in altes Elend, in hoffnungslose Situationen, weil man ja hier – wenn unsere theoretische Vorstellung von ihrer Genese richtig ist – auf nichts Positives zurückgreifen kann, das man lösen oder lockern könnte, wie es etwa bei zwanghaften Persönlichkeiten der Fall ist. Die hysterischen und zwanghaften Persönlichkeiten waren zudem in ihrem krankheitsauslösenden Alter schon auf mehrere Personen bezogen – darum ist ihre Übertragung anders. Wenn bei den Depressiven und Schizoiden eine Übertragung zustande kommt, ist sie sozusagen total, und damit wird dem Therapeuten eine Macht gegeben, deren man sich nicht genügend bewußt ist, wenn man die an hysterischen und zwanghaften Patienten gewonnenen Maßstäbe hier anlegt. Denn die schizoiden und depressiven Patienten regredieren ja in die Urbeziehung Mutter-Kind bzw. wollen diese nachholen – und wenn es zu früh zu so tiefen Regressionen kommt, können Schübe oder Selbstmordimpulse ausgelöst werden, die man vielleicht vermeiden kann. So scheint es mir bei den schizoiden und depressiven Patienten wichtiger, zunächst auf eine Beziehung hinzuarbeiten, statt auf die Übertragungswiederholung, welche aus den angeführten Gründen hier das Verhältnis von Therapeut und Patient leicht dämonisiert.

Deshalb erscheint es mir beim schizoiden Menschen besonders wichtig, alles früh aufzugreifen und anzusprechen, was ihm dazu verhelfen kann, sich selbst in seiner Wirkung auf die Welt zu erkennen und den Zusammenhang zwischen seinen ihm unbewußten Verhaltensweisen und den Reaktionen der Welt darauf zu verstehen. Aus seiner unbezogenen Ferne und Kontaktlosigkeit hat er wenig Gefühl dafür, wie er auf andere wirkt, bekommt daher die Reaktionen der Umwelt ohne Verständnis dafür zu spüren, wieweit er sie selbst durch sein Verhalten ausgelöst hat, woraus sich einer seiner circuli vitiosi ergibt: weil er nicht erkennt, daß er die Reaktionen der Umwelt durch eigenes Verhalten konstelliert, sondern nur die gleichsam unbezogene Reaktion zu spüren bekommt, mißdeutet er sie und empfindet bzw. erlebt die Welt als primär feindlich, ablehnend bis zu wahnhaften Vorstellungen, was ihn dann zu seinen ihm notwendig erscheinenden Aggressionen drängt. Daher halte ich es für wichtig, solche Verhaltensweisen Schizoider möglichst früh aufzugreifen und ihnen bewußt zu machen. Das ermöglicht ihnen, Zusammenhänge zwischen ihrem eigenen Verhalten und der Umweltreaktion zu erkennen, was ungemein befreiend wirken und manchmal einen ersten Ansatz zur Zuwendung ermöglichen kann. Im Verstehen eigener Verhaltensweisen der Welt gegenüber werden dabei immer auch biographische Zusammenhänge deutlich, wie und warum man so geworden ist.

Bei Schizoiden hat es sich mir weiter bewährt, Deutungen von Träumen, Verhaltensweisen usf. gleichsam en passant, »tangential«, wie nebenbei fallenzulassen – was, glaube ich, auch *Schultz-Hencke* schon empfiehlt. Kommen sie an, um so besser; kommen sie nicht an, schadet es nichts, wogegen Insistieren auf Einfällen oder eigenen Deutungen unnötig Angst oder Widerstände auslösen kann. Dagegen ist jedes entlastende Ventil gut: zeichnen, malen lassen usf.

Beim Schizoiden ist regelmäßige und gleichmäßige Zuwendung wohl das Allerwichtigste; »hinter den Kulissen«, d. h. unmerklich und kaum wahrnehmbar, geschieht bei ihnen oft mehr als man meint. Es ist, als ob die leicht hingeworfenen Bemerkungen wie Salzkörner wirken und irgendwann diese Einzelbemerkungen gleichsam zusammenschießen und sich aus ihnen wie ein Kristall etwas Neues bildet. Aus solchen Erfahrungen ergab sich mir die Vorstellung, bei diesen Frühstgestörten mehr das ja auch in ihnen Angelegte, gleichsam Entelechiale anzusprechen, als auf die Übertragungswiederholung ausschließlich Wert zu legen, weil sie ja bestimmte Seiten ihres Angelegtseins nicht hatten verwirklichen können.

So war ich sehr erstaunt, als eine schizoide Patientin, mit

deren Analyse ich nicht recht zufrieden war, weil meiner Ansicht nach zu wenig spürbar »geschah«, auf einmal Dinge konnte, die früher unmöglich gewesen wären für sie, ohne daß diese im einzelnen analysiert worden waren. Daran verstand ich, daß bei diesen Patienten andere Gesetze des analytischen Verlaufs bestehen, als man sie von hysterischen oder zwanghaften Patienten gewohnt ist. Vermag man die integrierende Kraft des Gefühls in ihnen anzusprechen, holen sie oft erstaunlich rasch nach, auch wenn man als Therapeut leicht den Eindruck hat, als geschähe nichts, weil man die Feinheit des inneren Geschehens unterschätzt und weil sie ihre Gefühlserlebnisse nicht oder nur sehr schwer ausdrücken können.

Auch die Frage der Stundendichte will bei ihnen bedacht sein; ich pflege damit elastisch umzugehen, weil ich den Eindruck gewonnen habe, daß zu dichte Stunden manchmal – so richtig sie anderswo wieder sein können – diese Patienten überfordern, zuviel Nähe und Auseinandersetzung bedeuten können, überhaupt ein Zuviel, da sie erst langsam und allmählich fähig werden, einen Menschen an sich heranzulassen. Regelmäßige 4–5 Wochenstunden als Norm führen oft zu quälendem Leerlauf, der dann womöglich noch als Widerstand des Patienten gelesen bzw. gedeutet wird.

Ich versuche also, im ganzen bei Schizoiden früher das potentiell in ihnen Angelegte anzusprechen und auf Gegenwart und Zukunft hinzuarbeiten, um alte Erlebnislücken auffüllen zu helfen. Das Wiedererlebenlassen der alten Haß- und Verzweiflungsgefühle scheint mir anfangs nur begrenzt nötig zu sein, geht es doch bei ihnen weniger um Lösung von Verdrängungen und Hemmungen, als um ein Nachholen von etwas Ausgefallenem. Hat man erst ein Stück Kontakt mit ihnen gewonnen, pflegen die später auftretenden Aggressionen usf. dann anders, nicht mehr so destruktiv-dämonisch auszusehen, können daher mit weniger Angst und Schuldgefühlen geäußert und leichter integriert werden, bringen diese Patienten dann auch nicht so leicht in die hoffnungslose Lage, *gleichzeitig* Haßgefühle zu haben und den Therapeuten zu brauchen und ein Stück Zuneigung zu ihm zu empfinden – woran ja solche Analysen so leicht scheitern. Das gleichzeitige Vorhandensein widersprechender Affekte und Gefühle kann dann leichter in ein Nacheinander aufgelöst werden, was die Verarbeitung erst ermöglicht.

Beim Depressiven gehe ich von der Vorstellung aus, daß er zu wenig »Ich« entwickelt hat und gleichsam ganz im Du lebt, in äußerster Abhängigkeit, und, im Gegensatz zum Schizoiden, *seine* Angst darin besteht, sein Eigen-Sein zu leben, aus Verlustangst. Denn die Objektverlustangst ist ja die Kehrseite der Ich-Schwäche. So versuche ich bald, alles aufzugreifen, was die Ich-Entwicklung, Ich-Bildung stärken und stützen kann. Beim depressiven Patienten verzichte ich anfangs auch öfter auf das Liegen, hier, weil ich meine, daß *er* der analytischen Situation nicht gewachsen ist, weil Liegen, freies Assoziieren usf., also Gestalten einer ungewöhnlichen und neuen Situation, ohne jedes Vorbild ihm nicht möglich ist. Nur gewohnt, Erwartungen anderer zu erfüllen auf echohafte Weise, käme er in völlige Hilflosigkeit, die er nach seiner Struktur mit Angst und Schuldgefühlen, Minderwertigkeitsgefühlen und Resignation beantworten müßte, die man ihm anfangs ersparen sollte, weil sie gerade das tiefer einspuren würden, wovon wir ihn befreien wollen. Er hat ja die Entwicklung seines Eigen-Seins – meist der Mutter – opfern müssen. Daher hört man zu Beginn der Analysen von Depressiven fast regelmäßige Wendungen wie: »Was soll ich nun tun? Was wollen Sie von mir hören?« u. ä., oder sie schweigen einfach, was hier zunächst kein Widerstand ist, sondern wirkliche Hilflosigkeit, und Ausdruck eben dieses Mangels an Subjektseinkönnens. Wenn man aus der Vorstellung der oralen Bedingtheit der Depression zu sehr Material aus der Frühstphase zu bekommen versucht, wäre das auch eine Überforderung, weil dieses Material, wenn überhaupt, nur sehr spät und schwer zu erinnern ist. Dagegen bestehen leicht erinnerbare Einstellungen und aktuelle Verhaltensweisen im oben beschriebenen Sinne zu früheren und gegenwärtigen Bezugspersonen und natürlich auch in der Übertragung, die leichter angehbar und bewußt zu machen sind, und das Ansprechen auf das Nicht-Subjektseinkönnen ist nach meinen Erfahrungen fruchtbar von Beginn an. Über die Analyse dieser Verhaltensweisen bekommt man genügend frühes Material allmählich in die Hand, wieder weniger dämonisiert, weniger mit Schuldgefühlen belastet und zugleich das Ich stärkend, denn die Dämonisierung von Es-Impulsen oder Über-Ich-Forderungen ist ja das Gegenstück zur Ich-Schwäche. So spreche ich solche Patienten schon früh bei allen sich bietenden Gelegenheiten auf das Nichtriskieren des Subjektseins an.

Die analytische Situation kann beim Depressiven die vorhandene Objektverlustangst und die Schuldgefühle steigern bis zu einer Gefügigkeit, die man als Erfolg mißverstehen kann oder die man, wenn man sie erst gesetzt hat, dann wieder analysieren und auflösen muß. Die bei den Depressiven beschriebene Neigung zur Introjektion des Objektes scheint mir bereits ein Versuch zu sein, den ihnen fehlenden »schizoiden Gegenpol« in der Richtung unabhängiger Autarkie zu entwickeln. Denn wenn es mir gelungen ist, einen Partner zu introjizieren, ist er mir ja endlich unverlierbar geworden – er ist ich oder ich bin er geworden. Man kann hier an das Goethewort denken: »Wenn ich dich liebe, was gehts dich an« – was ja heißt, daß man sein Gefühl zum andern mehr liebt als ihn selbst, bzw. daß man ihn so weit introjiziert hat, daß er einem nicht mehr verlorengehen kann und so die Gefühle zu ihm ein Stück Ewigkeit haben, weil sie nur noch von einem selbst abhängig sind – eine für Depressive typische Form der Partnerbeziehung, die sie natürlich auch in der

Übertragung wiederholen. Symptomatisch entscheidender bei den Depressiven scheint mir also die Verlustangst und das Aufgeben beziehungsweise Nichtriskieren des Eigen-Seins zu sein.

Wegen seiner Verlustangst und Ich-Schwäche sind bei ihm dichte Stunden auch wegen der bei ihm bestehenden Schwierigkeit wichtig, von Stunde zu Stunde eine Kontinuität herzustellen. Auch zum Erinnern gehört ja ein besitzergreifenkönnendes Subjekt. Aus der Verlustangst neigen depressive Patienten gelegentlich dazu, das Honorar für längere Zeit vorauszubezahlen, welchem Wunsch ich bei ihnen nachzugeben pflege: das bedeutet ihnen wenigstens ein Stück Sicherheit, indem sie solange mit dem Analytiker rechnen können. Die Höhe des Honorars ist bei ihnen genau zu besprechen, weil sie sich auch hier leicht überfordern bzw. überfordern lassen. Manchmal kann es wegen des Abreißens der Erinnerung für den analytischen Prozeß gut sein, den Patienten zu Hause eine Art Zusammenfassung der jeweiligen Sitzung schreiben zu lassen; das kann die Kontinuität des Geschehens unterstützen, sich ichstärkend auswirken und zugleich einen Einblick geben, was beim Patienten überhaupt angekommen ist, was er vergessen oder verdrängt hat.

Auch beim Depressiven meine ich, daß das Wiedererlebenlassen seiner frühen Verzweiflungen und Frustrationen durch vorwiegend retrospektives Vorgehen vor einer gewissen Ichstärkung gefährlich ist; drohen beim Schizoiden dadurch Schübe, kann es hier zum Selbstmord kommen. Ich lege daher zunächst bei ihm mehr Wert auf den Alltag und sein Verhalten in der Analyse, um hier die Lücken usf. aufzuzeigen, an deren Verständnis und Bewältigung das Ich allmählich erstarken und das erstarkte Ich auch leichter Vergangenheit aufarbeiten kann.

Im Durcharbeiten des Alltags spielen die Keimsituationen eine größere Rolle, wie ich die Stellen zu nennen vorgeschlagen habe*, an denen sich immer wieder für einen Patienten gemäß seiner Struktur und seinem Schicksal die Gefahr konstelliert, seine Neurose durch strukturspezifische Verhaltensweisen ein Stück tiefer einzuspuren – zugleich aber die Chance, sie durch eine schöpferische Neuantwort aufzulockern. Das Aufspüren, Erkennen und Durcharbeiten solcher Keimsituationen hat den Vorzug, daß man dabei gleichsam immer an der Nahtstelle arbeitet, wo Vergangenheit mit Gegenwart zusammenstößt, wo im aktuellen Alltag sich die frühkindlich erworbenen Erlebnisverarbeitungen und Haltung gewordenen Einflüsse spiegeln und wo zugleich der so schwer zu fassende Faktor X des einmalig-individuellen Schicksals spürbar wird, der therapeutisch so fruchtbar wird, wenn man ihn erfassen kann, und der dem Patienten das Gefühl wirklichen Verstandenwerdens vermittelt. In der Übertragung konstellieren sich natürlich die Keimsituationen auch, bzw. die Keimsituation umfaßt auch die Übertragung und bietet die Möglichkeit, das Übertragungsproblem zu analysieren, ohne die Übertragung extrem anwachsen lassen zu müssen.

Jede Neurose hat ihre für sie typischen Keimsituationen, die ich für die schizoiden und depressiven Persönlichkeiten noch an einigen Beispielen aufzeigen möchte (ausführlicher und auch für die anderen Neuroseformen dargestellt in der eben zitierten Arbeit.)

Beim Schizoiden liegen sie vor allem im adgredi (Heran-gehen), in Angst vor Nähe und Abhängigkeit, und in der selbstbewahrenden Betonung seiner Einmaligkeit. Im Leben kann das so aussehen: sofortiges »Auskuppeln«, wenn einem jemand zu nahe kommt; das kann zu einem Sichzurücknehmen führen, das sich bis ins Körperliche ausdrückt in Form von maskenhafter Starre und sonstigen Verkrampfungen. Eine Patien-

---

* Über neurosenspezifische Anwendung der psychoanalytischen Technik. Vgl. oben S. 9

tin hatte das Gefühl, ihr Gesicht werde zu Eis, wenn sie unter Menschen ging, und meinte, sie müsse es sich einmal erfroren haben und wollte deshalb zu einem Hautarzt gehen. Abwertung und Haß, wo die Gefahr der Zuneigung besteht – oft in der Übertragung gut zu erkennen. Unvermittelte, übergangslose Sexualisierung von Kontaktbeziehungen, weil rein sexuelle Beziehungen nicht tief gehen und der nur sexuelle Partner austauschbar ist. So übersprang ein Patient immer die sich anbahnende echte Gefühlsbeziehung zu einem Mädchen durch zu frühe sexuelle Beziehungen, die ihn dann bald langweilten und ihn sich nach anderen Mädchen umsehen ließen, mit denen er dann das gleiche erlebte – was in gewissem Sinne heute ja auch ein kollektives Problem geworden ist. Anderseits konnte sich eine Frau einem Manne nur hingeben, wenn sie wußte, daß die Verbindung nur kurzfristig sein würde – weil er anderswo lebte – und damit die Gefahr einer wirklichen Bindung nicht bestand. Betonen seiner Einmaligkeit als mißverstandener Persönlichkeitswürde und Freiheit sowie als Sich-unterscheiden-Wollen vom »Durchschnitt«, was alle Grade von Eigenbrötelei annehmen kann in Kleidung, Lebensstil usf. Vermeidbare Ängste und Unsicherheiten, weil man in neuen Situationen aus Stolz, Kontaktlosigkeit und Distanz z. B. nicht fragen kann, wie etwa Vorgänger die betreffende Aufgabe gelöst haben. So geriet eine Patientin bei einer wesentlichen Beförderung im Staatsdienst in große Ängste und fast paranoide Vorstellungen, weil sie ganz allein versuchte, sich in die neue Stellung einzuarbeiten, ohne Kontakt mit Kollegen. Sie kam dadurch noch in den Ruf der Arroganz und komplizierte sich so die neue Situation und Funktion auch menschlich enorm, der sie an sich sachlich durchaus gewachsen gewesen wäre, so daß sie fast daran scheiterte. – Bewältigen von Kontaktproblemen durch Intuition bis zum Projizieren und Wähnen oder durch einseitige intellektuelle Verarbeitung als Orientierungsmöglichkeit in der Welt bei beibehaltener Distanz – daraus breite Unsicherheit, was Realität, was vielleicht nur »Einbildung« ist, durch fehlenden Nahkontakt und dadurch ausfallende Gefühlsgewißheit. – Überwertige Selbstbeobachtung, »neben sich stehen« bis zu extremer Egozentrizität, weil dauernd in der Abwehr, was bis zu weitgehender Isolierung und heroischer Einsamkeit oder zu Verbitterung und Menschenhaß führen kann.

Hat man solche Keimsituationen – die natürlich noch leicht zu vermehren sind – in größerer Breite und Reichhaltigkeit vorschweben, sieht man den Patienten lebendig in seiner Umwelt stehen und zugleich auf dem Hintergrund seines Gewordenseins, der in den Keimsituationen gleichsam hindurchschimmert, so kann man an den vielen Nahtstellen arbeiten, an denen er mit der Umwelt in Berührung steht. Seine Libido »bleibt im Umlauf«, anstatt nur in die Übertragung zu fließen, was m. E. draußen für die Bezugspersonen des Patienten oft gefährlich werden kann, weil diese Beziehungen dann noch mehr verarmen; und zugleich spricht man immer den gesunden Teil der Persönlichkeit mit an in der oben angedeuteten, in den Keimsituationen liegenden Chance. Das schafft ein therapeutisches Klima, das für die Nachreifungsprozesse günstig ist und mutet dem Patienten nicht so leicht zuviel zu.

Die typischen Keimsituationen der Depressiven liegen vor allem im nicht Riskieren, Ich zu sein und in der damit direkt zusammenhängenden Verlustangst. Im Alltag können sie etwa so aussehen: Filtrieren, Abwerten und Skotomisieren von Reizen, Saure-Trauben-Politik – was alles auch unter dem Aspekt zu frühen Verzichtens und Resignierens gefaßt werden kann. Wenn man glaubt, Wünsche und Impulse ja doch nicht realisieren zu können, sie nicht leben zu dürfen, erleichtert das Nichtzulassen von Reizen den Verzicht – nur bezahlt man das u. a. mit einer Vergrauung der Welt und mit Depressionen. – Sehr wichtig erscheint mir das chronische Sichüberfordern und Überfordernlassen, das ihnen so zur zweiten

Natur wird, daß es reflexhaft abläuft und gar nicht mehr bewußt wahrgenommen wird. (Ich erinnere an das Beispiel der Balletteuse.) – Eng damit zusammen hängt das nicht adäquat Zugreifen- und Fordernkönnen im gegebenen Augenblick, die Unsicherheit darüber, wo und was man überhaupt fordern kann. So wagte ein Patient nach längerer analytischer Arbeit es, seinen Chef um eine – durchaus gerechtfertigte– Gehaltserhöhung zu bitten und war höchst erstaunt, sie bewilligt zu bekommen, was sicher schon früher möglich gewesen wäre und ihm manche Ressentiments und Minderwertigkeitsgefühle erspart hätte. – Echohaftes Ausgerichtetsein auf Partner und Erfüllenmüssen von deren wirklichen oder vermeintlichen Erwartungen (mit ein Grund dafür, weshalb Depressive es noch mit *einem* Menschen »können«, bei mehreren aber sich hilflos und verzweifelt fühlen, weil es unmöglich ist, alle deren divergierende Wünsche zu erfüllen). – Die Neigung zum Ideologisieren und Idealisieren als Schutz vor eigenen aggressiven Impulsen wegen damit verbundenen Schuldgefühlen und auch, weil man den Ast nicht absägen kann, auf dem man sitzen muß – weil man also nicht glaubt, zugleich jemanden lieben zu können, ihn zu brauchen, und seine Schwächen erkennen zu dürfen. Nicht hassen können und Zumangelnde Phantasie für das Böse im anderen aus diesen Zusammenhängen, es dadurch oft gerade im anderen konstellierend; Selbstmitleid als Ersatzbefriedigung bis zum Masochismus.

So wollte ein jüdischer Patient im Dritten Reich einfach nicht realisieren, wie die Lage war, berief sich darauf, daß er niemandem etwas zuleide getan habe und guter Deutscher sei, er weigerte sich, zu emigrieren und wurde später in Auschwitz vergast; die verfügbare Zeit hatte nicht ausgereicht, um mit ihm einen realistischeren Aspekt der Situation zu erarbeiten.

Zu frühe Identifikation mit dem jeweiligen Partner, dadurch Dinge immer primär von der Sicht des andern aus sehend, sich in dessen Lage einfühlen usf., was wachsend dazu führt, daß die eigenen Belange und Interessen zu spät gesehen werden usf.

Die Keimsituationen reichen weit bis in die Kindheit zurück, sind zugleich im lebendigen Prozeß des Lebens schicksalsträchtige Brennpunkte, Knotenpunkte individueller Problematik und Entwicklung und durchziehen den Alltag sowie das analytische Verhalten des Patienten. Greift man sie analytisch auf, macht man sie bewußt, arbeitet man immer an jener Nahtstelle, die nach meinen Erfahrungen sehr fruchtbar zu machen ist, weil das Erkennen und Verstehen der Keimsituationen den Patienten immer auf seine spezifische Eigenformel, sein schicksalhaftes Gewordensein anspricht, das man nun gemeinsam mit ihm durcharbeiten muß und das neben dem Aufdecken und Verarbeiten von Vergangenheit, Unbewußtem und Verdrängtem immer zugleich das Ich stärkt und damit die Welt entdämonisiert – soweit es neurotische Dämonisierungen anbetrifft.

Ich will nun versuchen, zum Abschluß Ihnen noch an der Einleitung – den ersten 5 Stunden – einer Behandlung aufzuzeigen, wie das über die Abwandlung der klassischen Technik Gesagte fruchtbar werden kann. Ich habe eine Behandlungseinleitung gewählt einmal aus Zeitgründen, aber auch, weil bei den schizoiden und depressiven Patienten gerade zu Beginn der Behandlung m. E. solche Abwandlungen oft unerläßlich sind. Ich habe einen depressiven Patienten gewählt, weil mir die Darstellung an einem schizoiden sehr viel schwieriger erscheint wegen der subtileren und schwerer faßbaren Vorgänge.

Von einem praktischen Arzt wird mir ein 56jähriger Patient überwiesen wegen pectanginöser Angstzustände, schwerer Depressionen, Weinkrämpfen und phobischer Zustände (Agora- und Claustrophobie) sowie Schlafstörungen. Der Patient war längere Zeit in einer Klinik wegen der Depressionen (nach Behandlung eines Herzinfarktes) und hatte eine Megaphenschlafkur hinter sich. Danach habe er sich schlechter gefühlt und hat nun erst vor, es mit einer Bogomoletzkur zu versuchen, die ihm jemand empfohlen hat; nach deren Beendigung will er – in etwa einem Vierteljahr – es mit einer Analyse versuchen, zu der ihm sein Arzt geraten hat.

In der ersten Stunde schien der Patient wenig ansprechbar, meist liefen ihm die Tränen über das Gesicht, und er hatte offensichtlich wenig Neigung zur Analyse, unter der er sich nichts vorstellen konnte. Ich war sehr skeptisch, ob er überhaupt nach diesem Vierteljahr wieder erscheinen würde, und besprach mit ihm in dieser ersten fühlungnehmenden Sitzung seine Erwartungsvorstellungen von einer psychotherapeutischen Behandlung, deren Methode, und machte den Vorschlag einer Versuchszeit. Nach einem Vierteljahr hat er die Bogomoletzkur beendet und meldet sich tatsächlich zur Analyse. Die Kur hat nichts gebessert, und er hat weiter Herzkrämpfe gehabt, weint beim Erzählen und entschuldigt sich dafür. Seine Schlafstörungen sind auch nicht besser geworden – er kann nur mit Schlafmitteln schlafen und meint, es sei wohl doch alles umsonst und ihm nicht mehr zu helfen, wobei er stärker weint und im Gesicht ganz verquollen aussieht.

Der Patient ist Ingenieur, offenbar ein zuverlässiger und fleißiger Mann, der sich hochgearbeitet hat und durch eigene Tüchtigkeit es zu einem gewissen Wohlstand gebracht hat. Er sei meist gesund gewesen, habe so etwas noch nie gehabt. Er habe immer hart gearbeitet und sich selten mal etwas gegönnt – Erholung, Urlaub usf. Er ist seit über 30 Jahren verheiratet, hat zwei unverheiratete Töchter, 18- und 25jährig; die Ehe sei gut. Er hat einen einzigen Bruder, der um die 20 herum an Schizophrenie erkrankte; 5 Jahre älter als er. Beim Erzählen in dieser Stunde laufen ihm wieder die Tränen über das Gesicht, er schluchzt und versichert: »Ich kann nichts dafür, es kommt so über mich, vor allem seit der Schlafkur.«

Erschwerend war in diesem Falle das Alter des Patienten und seine Organsymptomatik, seine Skepsis gegen die Analyse; weiter schien es mir fraglich, wieweit er noch plastisch genug sei in seinem Alter, wieweit kontaktfähig bei seiner Symptomatik, und schließlich war die akute Depression so intensiv, daß ich zunächst keinen Zugang zu ihm fand. Günstig schien mir zu sein, daß der Patient bisher vorwiegend angepaßt und erfolgreich im Leben gestanden zu haben schien, das, soweit ich es anamnestisch überblicken konnte, keine bedenklichen Daten enthielt – außer dem schizophrenen Bruder. So schien die prämorbide Persönlichkeit weitgehend intakt gewesen zu sein; mein erstes Konzept war daher das einer eher akuten Altersdepression, wahrscheinlich im Zusammenhang mit der Herzerkrankung und damit verbundenen Todesgedanken oder -ängsten, und die Vorstellung, bei ihm mehr auf die Aktualität einzugehen als in aller Breite auf die Genese.

In der ersten Sitzung erzählt er mir, daß der Arzt, bei dem er die Bogomoletzkur gemacht hat, gegen Psychotherapie sei; er habe sich auch einmal damit befaßt, sei aber wieder davon abgekommen, weil man durch die Psychoanalyse nur immer nach neuen Erklärungen für seine Symptome suche. Er fragt, ob seine Herzsache wirklich seelisch bedingt sein könne (was der überweisende Arzt als mitbeteiligt angenommen und dem Patienten gesagt hatte). Ich deute lediglich an, daß es sich auch bei Erkrankungen solcher Art nicht um ein Entweder-oder handle und daß die vereinbarte Versuchszeit ja den Sinn habe, mögliche seelische Zusammenhänge aufzudecken. Darauf er: jetzt müsse er mir etwas Intimes sagen (weint stärker): er sei seit einigen Jahren meist impotent. Seine Ehe sei sehr glücklich, es tue ihm so leid, was er seiner Frau mit seiner Krankheit alles antue und daß er seine heiligen Pflichten nicht erfülle.

Das war für mich zunächst eine überraschende Wendung;

einmal gab er ja damit eine indirekte Antwort auf mögliche seelische Hintergründe seiner Herzsymptome usf., und zugleich fiel mir natürlich der Widerspruch auf zwischen der glücklichen Ehe und der Impotenz sowie die seltsame Formulierung der »heiligen Pflicht« und was er seiner Frau mit seiner Krankheit »antue«. Um die ihm nicht bewußten Zusammenhänge anzusprechen, sagte ich, daß Impotenz ja nicht nur ein körpereigenes Symptom sei, sondern auch ein gerichtetes, partnerbezogenes; ob ihn an seiner Frau etwas ärgere, störe? Er erwiderte, sie meine, er sei nun mal in dem Alter, in dem die Männer impotent würden – ohne eigene Stellungnahme dazu.

Ich versuchte also zunächst, das »Endogene«, Beziehungslose seiner Depression zu durchbrechen, sie ihm im Ansatz verstehbar zu machen, da er sich bisher nur als Objekt der Depression erlebt hatte, und zugleich an seiner Impotenz den partnerbezogenen Anteil aufzugreifen. Einerseits, um seine Vorstellung von nur somatischen Abläufen dadurch zu lokkern, anderseits, um das Verhältnis zu seiner Frau mehr in die Analyse zu bekommen, weil nach seinen Bemerkungen zu erwarten war, daß ihrer beider Beziehung zueinander gewichtig an seinen Symptomen beteiligt sei, und schließlich, um ein Gefälle zu erreichen, das in die Analyse ging und nicht mehr nur in die Depression, womit ich zugleich geheime Aggressionen als Gegenkraft gegen die Depressionen anzusprechen hoffte. Natürlich geschah hierbei manches von mir mehr instinktiv-unbewußt, als es nun in der rückblickenden Darstellung zum Ausdruck kommt.

Nach diesem Gespräch über die Impotenz fällt ihm sein erster Traum zur heutigen Stunde ein: »Ich habe eine Erektion und versuche sie aufrechtzuerhalten, bis meine Frau heimkommt, die nicht da ist.« Auch auf mein Drängen hat er keine Einfälle, erzählt nur wieder, daß er seit ein paar Jahren meist impotent sei, beim Versuch der immissio gehe die Erektion zurück; er habe an sich nur noch selten sexuelle Bedürfnisse.

Um das Angebot des Traumes fruchtbar zu machen, greife ich den Text als Frage auf: Warum ist seine Frau nicht da, wenn er ein sexuelles Bedürfnis hat? Warum läßt er sie nicht da sein, wenn er eine Erektion hat? Und um ihn leichter zum Sprechen zu bringen, frage ich noch, ob seine Frau die einzige in seinem Leben gewesen sei. Ja; er lernte sie Anfang der zwanzig kennen, heiratete drei Jahre danach. Später habe er nur einmal eine freundschaftliche Beziehung zu einem Mädchen gehabt; die war der Gegentyp zu seiner Frau, viel aktiver. Seine Frau sei immer so passiv, er müsse alle Initiative übernehmen, auch im Liebesleben. Ihm fällt weiter ein, daß er seinen ersten Herzanfall mit starken Angstgefühlen schon vor zehn Jahren hatte; er war in einer Operette mit seiner Frau, und als er sich in der Pause eine Zigarette anzündete, bekam er ein Zitterschütteln, danach einen Nervenzusammenbruch mit Klinikaufenthalt; der Arzt sagte damals, es sei Überarbeitung. Am Schluß der Stunde schlage ich eine weitere Sitzung für den nächsten Tag vor, um an das in Gang Gekommene anknüpfen zu können. Er sagt darauf, er kenne jemanden, der seit Jahren in Analyse sei, der sei ganz abhängig von der Analyse geworden – er habe Angst, auch abhängig zu werden; ich betone die Wichtigkeit dichteren Arbeitens am Anfang, bis die Analyse in Gang gekommen sei, und wir verabreden die nächste Sitzung für den nächsten Tag.

In diese *zweite Stunde* bringt er folgenden Traum: »Ich und drei Männer turnen; eine Frau kommt hinzu, wir hören zu turnen auf und unterhalten uns.« Ihm fällt dazu ein, daß er früher viel Sport getrieben, vor allem gerudert habe, und sich auch an Rennen beteiligte. Ich greife das Dazwischenkommen der Frau und das Aufhören mit Turnen fragend auf. Er erzählt, daß seine Frau ihn oft tadle, wenn er in Gesellschaft zu laut und ausgelassen sei; sie habe überhaupt immer etwas an ihm auszusetzen – das wäre ihm auf meine gestrige Frage, was ihn an ihr stören könne, nachträglich noch eingefallen. Seine Frau sei auch gegen die Analyse, sie könne nicht glauben, daß seine Beschwerden seelisch bedingt seien. 1953 habe er wegen einer Vereiterung eine Stirnhöhlenoperation gehabt, seine Frau fast gleichzeitig eine Blinddarmoperation. Es habe damals schlecht um sie gestanden, es hing (er schluchzt und zittert heftig) alles nur an einem Fädchen und von der Gnade ab. Am Schluß der Stunde fragt er noch, was er seiner Frau sagen solle, die über die Analyse und was hier gesprochen wird, Bescheid wissen möchte. Ich wundere mich angelegentlich darüber und sage, daß es für unsere Arbeit unerwünscht sei, anderen gegenüber aus der Analyse zu erzählen, weil das Nebenkanäle eröffne. Wir verabredeten zwei wöchentliche Stunden fest sowie eine Versuchszeit von 15 Sitzungen. In dieser Stunde hatte er noch erzählt, daß er mit dem Vater gut gestanden hätte; die Mutter wäre dagegen immer unzufrieden gewesen, dabei anspruchsvoll, und er habe ein schlechtes Verhältnis zu ihr gehabt. Er habe erstmals ähnliche Erregungszustände gehabt, als die Eltern wegen der Ausbildung des Bruders stritten; er sei Pessimist und erwarte immer das Schlimmste, das sei schon immer so gewesen (schluchzt und zittert).

In die *dritte Behandlungsstunde* bringt er diesen Traum: »Ich bin mit meiner Frau in der Umgebung von Frankfurt. Wir machen einen Waldspaziergang und gehen in ein modernes Gartenlokal. Ich sage, dort sei doch alles viel schöner und moderner als in der Umgebung von München und im Isartal.« Einfälle: er hatte vor etwa 15 Jahren in Frankfurt einmal eine Frau kennengelernt; er ging mit ihr auf ihr Zimmer, wo sie sich auszog und ihn verführen wollte. Er ließ sich aber nicht darauf ein und brach die Beziehung ab, weil sie ihm zu gefährlich war. Er sei früher im Bibelkreis gewesen und überhaupt sehr moralisch erzogen worden. Ich fordere zu weiteren Einfällen zu seiner Frau auf, da er von ihr geträumt habe. Er sagt, er sei wohl zu weich; er habe ihr zuliebe seinen Skatabend und seine Männerfreundschaften aufgegeben, weil sie meinte, sie hätten dadurch zu wenig Familienleben. Ich deute auf die verwandte Thematik in dem vorherigen Traum hin, wo die Männer mit Turnen aufhören, als die Frau hinzutritt, mit einem leichten Hinweis, daß sich das ja auch auf die Einstellung seiner Frau zur Analyse beziehen könne. Er fährt fort, daß er nun meist zu Hause sitze; neulich habe er sich über seine Frau geärgert: er wollte sie abholen, aber sie ratschte endlos am Telefon mit einer Freundin – das tue sie überhaupt gern. Wie erschreckt über diese Aggression (Keimsituation!) fährt er sogleich fort: er habe solche Sorge um sie, sie sehe schlecht aus und rackere sich so ab; er sei sehr um seine Frau bemüht, mit dem Fehler (er wollte Ergebnis sagen!), daß er zu weich geworden sei. Sie zeige sich nie nackt vor ihm (darum ist also Frankfurt moderner), der Verkehr finde auch nur im Halbdunkel statt und sie decke sich dabei nur unten auf.

Ich versuche, ihm aus dem Traum und seinen Einfällen einige Keimsituationen aufzuzeigen: übergroße Anpassung und Verzicht auf Eigenimpulse, Ärger darüber, den er verdrängt, der sich aber zum Teil in Schuldgefühle umsetzt, danach dann Verarbeitung in Mitleid und Überbesorgtheit um seine Frau sowie in Selbstmitleid. Es macht ihn nachdenklich; dann sagt er, seine Frau halte ihn jetzt von der Sexualität zurück, weil sie ihm körperlich schaden könne; ob es wohl gefährlich sei bei seinen Herzbeschwerden? Ich frage zurück, ob nicht vielleicht gerade seine Askese ihm schade und das Gefühl, zum alten Eisen zu gehören, diese Vorsicht mit sich selbst? Und wahrscheinlich habe er doch seit dem Herzinfarkt auch ein Stück Todesangst empfunden, das er sich vielleicht nicht zugebe?

Ich griff diese Zusammenhänge so früh auf und versuchte sie ihm bewußt zu machen, weil an ihnen seine neurotischen Verarbeitungsweisen so klar zu erkennen und ihm aufzuzeigen waren und weil an diesen Stellen immer zugleich der gesunde Teil seiner Persönlichkeit angesprochen werden konnte. So versuchte ich, falsche Vorstellungen von »rein organischen« Störungen zu lockern, weil sich hier ein hypochondrischer Ablauf einzuspuren begann – bzw. schon eingespurt hatte; zugleich ist ja bei psycho-somatischen Störungen das frühe deutende Ansprechen auf seelische Zusammenhänge oft eine Art Reiztherapie. Auf die mögliche Schädlichkeit seiner Askese ging ich so früh ein, weil ich aus seinen Einfällen und Berichten den »unbewußten Sadismus« seiner Frau heraushörte, der sich, wie bei ihm selbst, hinter Besorgtheit verbarg, und weil ich vermutete, daß diese erste ernsthafte Erkrankung (der Infarkt) in seinem Alter Todesgedanken ausgelöst haben mußte, die er verdrängte – dafür aber nun die Gefahr bestand, sie hypochondrisch in Übervorsicht, Sich-alles-Verbieten usw. umzusetzen, was dann neue Depressionen auslöste, diese wieder neue Symptome oder Verstärkung der bestehenden usw. usw., wobei wohl die nachlassende Potenz und die Einstellung seiner Frau dazu eine besondere Rolle spielte.

Auf das Stichwort »Todesgedanken« kam: seine Frau wisse, daß er seit der Herzsache nichts mehr vom Tode hören könne; trotzdem las sie ihm gestern etwas aus einer Statistik von Krankheiten und Todesfällen vor; er hielt sich heimlich die Ohren zu (bat sie also nicht etwa, aufzuhören, oder fand auch keine reifere Haltung o. ä.). Ich greife zum Ende der Stunde nochmals seine Überanpassung auf und den sich daraus ergebenden Groll derjenigen gegenüber, der zuliebe er soviel opferte, als eine seiner wichtigsten Keimsituationen und den sich daraus ergebenden unvermeidlichen circulus vitiosus von Groll, Schuldgefühlen, Sühnehaltung und Selbstbestrafung. Er stimmt zu, das träfe es genau und fragt, ob dichtere Stunden ihm schaden könnten; aus Zeitgründen konnte ich ihm nicht mehr geben als die vereinbarten zwei Wochenstunden.

In die *vierte Stunde* kommt er frischer; er habe sich nach der gestrigen Sitzung wohlgefühlt, habe wieder mehr Vertrauen zum Leben, sei zu Hause energisch gewesen, was seiner Frau nicht gepaßt habe. Es sei ihm aufgefallen, daß die Coronarkrämpfe oft nach Situationen auftraten, wo er mal ausgelassen gewesen wäre – das sehe doch wie eine Selbstbestrafung aus, so wie wir gestern darüber gesprochen hätten? Er traute sich an seine Frau in letzter Zeit nicht mehr heran, weil sie sagte, er könne wieder einen Anfall bekommen. Er habe trotzdem gestern probeweise einmal einen Verkehr riskiert – es sei ihm gut bekommen; seine Platzangst sei auch besser, auch schlafe er besser. Er übersah die Zusammenhänge der gebrachten Einfälle natürlich noch nicht.

Sein Traum in dieser Stunde: »Vor mir steht eine große Frau mit Rückenausschnitt, die anspruchsvoller in ihrer Haltung ist, als ihr zukommt, wenn man sie von vorn sieht; daneben eine andere Frau, etwas weicher, beide starren unbeweglich auf einen jungen Fliegeroffizier.« Die große Frau sei seine Mutter, die andere seine Frau. Als Kinder saßen er und der Bruder oft mit der Mutter auf dem Sofa, und sie klagte ihnen über den Vater etwas vor. Zum »Offizier« kam: das sei das Wunschbild von Mutter und Frau vom Manne gewesen. Dann kommt er auf seine Frau zu sprechen, stellt wieder fest, daß sie so gern ratsche und das Essen nie pünktlich auf den Tisch bekomme – er »sage schon nichts mehr«; er ginge ihr nicht genug aus mit ihr und führe daher darüber Buch, um ihr beweisen zu können, daß sie oft zwei- bis dreimal wöchentlich ausgegangen seien. In der Pubertät sei er in den Bibelkreis ausgewichen, weil er mit seinen Problemen nicht fertig wurde. Er bittet mich, ihm nochmals zu beschreiben, was ich gestern mit der Überanpassung und dem daraus sich ergebenden circulus vitiosus gemeint hätte – es habe ihm so geholfen. Ich schildere nochmals, wie man bei solcher Überanpassung in der Tiefe es dem anderen übelnehmen muß, für ihn soviel aufzugeben, und weise darauf hin, daß das auch *sein* und nicht nur das Problem seiner Frau sei (deren Ansprüche), und daß, wenn er sich klarer und angemessener durchsetze und ihr nicht so viele Rechte einräume, er auch weniger Grund zum Groll gegen sie haben werde.

Damit wollte ich sein Subjektsein und seine Aktivität ansprechen und zugleich vorbeugen, daß er nun in seiner Frau allein den Sündenbock sah – was ihm einerseits mehr Schuldgefühle verursacht haben würde und zugleich zu einseitig gewesen wäre. Außerdem wollte ich damit seine depressive, narzißtisch-regressive Haltung etwas angehen.

Ich ging in dieser Stunde nur noch auf die Parallele zwischen Frau und Mutter etwas ein, andeutend, ob nicht zwischen beiden Frauen gewisse Ähnlichkeiten beständen: die anspruchsvolle Haltung, die Vorwürfe gegen den Mann, die Unzufriedenheit – die Stunde abschließend mit der Frage, wieweit seine Mutterbeziehung in seine Ehe hineingeragt hätte und noch hineinrage.

In der *fünften Stunde* berichtet er, er habe sich weiter sehr wohl gefühlt – zu Hause seien alle erstaunt, daß er so verändert sei und können es sich nicht erklären: er hat seiner Frau gesagt, er ginge nicht mehr in die Analyse – was ich hier so stehen ließ, da sie bei ihrer Einstellung uns die Arbeit nur erschwert hätte, und weil ein Sich-durchsetzen gegen sie jetzt noch eine Überforderung für ihn bedeutet hätte.

Er kommt in dieser Stunde breiter auf die Mutter zu sprechen: sie war häufig unzufrieden, dabei anspruchsvoll, er habe nie ein gutes Verhältnis zu ihr gehabt. In der Pubertät habe er sich oft eingeschlossen und geweint, ließ dann niemand zu sich herein (er weint von hier an durch die ganze Stunde – offenbar kommt die ganze ohnmächtige Wut nun herauf, die er in Selbstmitleid verwandeln mußte, damals, weil die Mutter ihn nicht fürs Leben und seine Eigenentwicklung freigab, was er abgeschwächt nun in seiner Ehe zu wiederholen scheint). Als er 23jährig heiratete, habe die Mutter eine hysterische Szene gemacht, sich aufs Sofa geworfen und Tobsuchtsanfälle bekommen.

Ich deute nur an, daß das Weinen also doch schon früher dagewesen sei und schließe mit der Bemerkung ab, er habe an seiner Mutter offenbar die Haltung entwickeln müssen, sich nicht durchsetzen zu können und überwertige Schuldgefühle zu empfinden, was bei ihren geschilderten Verhaltensweisen verständlich sei: wie solle ein Kind damit fertig werden, wenn es alle Schritte zur Eigenentwicklung durch die Reaktion der Mutter mit Schuldgefühlen erleben muß, daß es daher lieber auf die eigenen Impulse verzichtet. Ihm sei dann nur das Selbstmitleid übriggeblieben, wie offenbar jetzt auch, und es wäre für uns wichtig, diese Zusammenhänge noch besser zu verstehen. Mit der Mutter müßten wir uns noch beschäftigen, es sehe ja so aus, als ob er seine Frau unbewußt noch wie seine Mutter erlebe und sie damit in die Mutterrolle versetze.

Von da an kommt er regelmäßig, die Bedenken gegen die Analyse tauchen nicht mehr auf, und er hat deutliches Interesse am analytischen Prozeß bekommen. Nach 75 Stunden war er soweit gebessert, daß wir unterbrachen, und er nur in Abständen von einem Vierteljahr, dann von einem halben Jahr zu einer Art Kontrollstunde kam. Er blieb stabil, machte mit seiner Frau seit Jahren die erste gemeinsame größere Reise, nahm auch die körperlichen Beziehungen zu ihr wieder auf und bezog auch den Tod stärker in sein Leben ein, sich damit beschäftigend, statt ihn zu verdrängen.

Ich hoffe, es ist mir gelungen, an der Einleitung dieser Behandlung darzustellen, wie die Handhabung einer variierten neurosenspezifischen Technik aussehen kann. Der rasche Anfangserfolg im angeführten Falle ist gerade bei Depressiven wichtig, vor allem, wenn es weniger nur ein Übertragungserfolg ist, als vielmehr ein Zuwachs an Kräften, aus einer »Ich-Stärkung«, wie sie, so meine ich, hier zustande kam. Die schizoiden und depressiven Patienten — so können wir zusammenfassend sagen — stellen uns vor Aufgaben, die uns meines Erachtens zwingen, die Unpersönlichkeit einer sonst bewährten Methode aufzugeben zugunsten einer größeren Unmittelbarkeit zwischen Therapeut und Patient; wir müssen uns aber darüber klar sein, daß damit über die Beherrschung der »Technik« hinaus größere Anforderungen an uns als Therapeuten gestellt werden.

Grundformen der Beziehung zwischen Therapeut und Patient

Bedeutung und Handhabung der Gegenübertragung (1959)

Wenn wir uns um eine begriffliche Formulierung der Gegenübertragung bemühen, welche weit genug ist, um alle möglichen Formen zu umfassen, in denen sie auftreten kann, kommen wir auf die folgende: Gegenübertragung meint die bewußten oder unbewußten, struktur- oder persönlichkeitsbedingten Reaktionen des Analytikers auf die analytische Situation, den Patienten, dessen Struktur, Persönlichkeit und Verhaltensweisen in der Analyse. Diese umfassende Definition hat den Nachteil, daß man danach *jede* Reaktion des Analytikers auch als Gegenübertragung lesen kann – denn wo ist die Grenze zwischen »richtiger Technik« einerseits und anderseits persönlicher Reaktion, wenn wir zugeben müssen, daß letztere nicht auszuschalten ist? Trotzdem wollen wir zunächst obige Definition als zweckmäßig beibehalten, weil sie uns mitten in unser Problem führt: offenbar besteht oder bestand weitgehend die Erwartung, daß die persönlichen Reaktionen des Analytikers auszuschalten seien und ausgeschaltet werden könnten, und die Forderung der Lehranalyse für den angehenden Therapeuten will ja dieser Erwartung Rechnung tragen. Wir stehen also zunächst vor der Tatsache, daß das Problem der Gegenübertragung sich erst konstelliert aus der geforderten Spiegelhaltung des Analytikers, wie sie *Freud* in seiner Arbeit »Ratschläge für den Arzt bei der psychoanalytischen Behandlung« (1912) beschreibt: »Der Arzt soll undurchsichtig für den Analysierten sein und wie eine Spiegelplatte nichts anderes zeigen, als was ihm gezeigt wird.« Nur aus der Konzeption des Analytikers als eines unpersönlich reflektierenden Mediums kann es zur Formulierung der Gegenübertragung kommen, die man dann folgerichtig als subjektive Verzerrung des objektiven Spiegelbildes beschreiben kann. Von solcher Forderung ausgehend, muß die Gegenübertragung natürlich als störend angesehen werden. In der gleichen Arbeit beschreibt *Freud* auch, wie es zu dieser Spiegelhaltung komme: »(der Arzt) soll dem gebenden Unbewußten des Kranken sein eigenes Unbewußtes als empfangendes Organ zuwenden . . ., wie der Receiver des Telephons zum Teller eingestellt ist.« Hierin ist unausgesprochen die Vorstellung enthalten, daß das analysierte Unbewußte des Therapeuten »objektiv« antworten werde ohne subjektive Anteile – und von hier aus versteht man auch, daß man versucht, durch immer astronomischere Dauer der Lehranalysen dieses Ideal zu erreichen.

Es stellen sich uns nun folgende Fragen: ist jene Forderung des Spiegel-Seins adäquat und realistisch? Ist jede Form der Gegenübertragung für die Therapie ungünstig? Wieweit kann die Gegenübertragung vermieden werden und wieweit ist dies überhaupt wünschenswert?

Zunächst zur Frage der Adäquatheit und Realitätsgerechtheit der Spiegel-Forderung. Die Tatsache, daß die Gegenübertragung in der Entwicklung des psychoanalytischen Lehrgebäudes relativ spät entdeckt wurde, kann uns vielleicht zur Klärung dieser Frage behilflich sein, indem wir die Gründe für dieses späte Auffinden zu verstehen versuchen. Neben anderen lassen sich dafür zwei Hauptgründe anführen: die Gegenübertragung ist erstens schwerer zu realisieren, einzusehen und zuzugeben, weil in ihr Schwächen und Probleme des Analytikers zum Vorschein kommen und weil der Analytiker, um sie zu erkennen, gleichzeitig beobachtendes Subjekt und beobachtetes Objekt sein muß, was immer nur begrenzt möglich ist – auch eine unendliche Lehranalyse macht nicht problemlos. Zweitens fielen in der Geschichte die psychoanalytische Forschungsmethode – und zwar eine aus der Naturwissenschaft stammende Forschungsmethode – und Therapie ursprünglich zusammen, was *Freud* in der schon zitierten Arbeit als »einen der Ruhmestitel« der analytischen Arbeit bezeichnet, wobei er selbst aber schon hinzufügt: »die Technik, die der einen dient (also der Forschung, Ref.) widersetzt sich von einem gewissen Punkte an doch der anderen« (also der Therapie, Ref.). Hier deutet *Freud* selbst schon an, daß die forscherische und anderseits die therapeutische Methode nicht ohne weiteres und durchgängig die gleiche bleiben können. Das forscherisch richtige Ideal einer objektiv spiegelnden Beobachtung, wie man es von der Naturwissenschaft her kannte, wurde also in die Therapie übernommen, und es ist nun durchaus die Frage, ob die forscherisch beste auch zugleich die therapeutisch beste Methode ist, was wir vielleicht zu sehr stillschweigend als so sich verhaltend voraussetzen.

Hieraus ergibt sich, daß jene Spiegel-Forderung nur begrenzt gültig sein kann. Einen Menschen forscherisch in seiner Entwicklung verstehen und ihm helfen wollen, ist nicht das gleiche und wir alle wissen, daß in der Praxis wir selbst und der Patient sehr viel von solchen Zusammenhängen verstanden haben können, ohne daß der gewünschte therapeutische Erfolg eintritt. Weiter, wenn theoretisch die Gegenübertragung als Trübung des Spiegels stört, der Idealhaltung widerspricht, so ist es praktisch-therapeutisch nicht so einfach damit, schon deshalb nicht, weil die Gegenübertragung nur begrenzt vermeidbar ist. Offenbar wurde ein für die Naturwissenschaft gültiges – und selbst hier nur begrenzt gültiges – Forschungsprinzip auf ein Gebiet angewendet, auf welches es nicht ohne weiteres übertragen werden kann. Mußte man schon in der

Naturwissenschaft die »persönliche Gleichung« des Beobachters anerkennen, wieviel mehr müssen wir das erst, wenn das beobachtete »Objekt« ein Mensch ist und dessen seelische Erlebnisse und Äußerungen. Strenggenommen ist jene Forderung also nicht völlig wirklichkeitsgerecht, weil der Analytiker ein Subjekt mit individuellen Reaktionen ist, ja, es sein soll, wie ich meine.

Unsere zweite Frage lautete, ob jede Form der Gegenübertragung für die Therapie ungünstig ist. Ich bin der Ansicht, daß das Vermeiden der Gegenübertragung – wenn es überhaupt möglich wäre – nur eingeschränkt wünschenswert ist aus folgenden Gründen: Helfen und Heilenwollen erfordert mehr als unpersönliches Spiegel-Sein. Wenn der Analytiker oft als Katalysator bezeichnet wird, der sich also in einen Vorgang hineingibt, diesen verändernd, ohne selbst verändert zu werden, so ist das – wie alle diese aus der Naturwissenschaft stammenden Metaphern – nur begrenzt richtig und würde letztlich nur aussagen, daß dieser Analytiker mehr Forscher als Therapeut ist. Gerade im Sich-ergreifen-Lassen, in der lebendigen Anteilnahme liegen wesentliche therapeutische Möglichkeiten. Man hat oft – u. a. *Kemper* in seiner ausführlichen Arbeit über die Gegenübertragung – für die Patient-Analytiker-Beziehung, also für die Übertragungssituation, die Kind-Eltern-Beziehung als Parallele herangezogen; für die Gegenübertragung, also für die Analytiker-Patient-Beziehung, die Eltern-Kind-Beziehung. Diese Parallele kann uns von einem weiteren Gesichtspunkt her besser verstehen lassen, wieso die Gegenübertragung so spät gefunden wurde: nimmt man sie ernst, wird es sofort fraglich, wieweit Übertragungsäußerungen des Patienten nur Übertragung, wieweit sie vielleicht richtig erkannte Eindrücke des Patienten vom Analytiker und vielleicht sogar von diesem unbewußt mitkonstelliert sind. Wie es den Eltern schwerfällt, Schwierigkeiten des Kindes im Zusammenhang mit ihren eigenen Schwierigkeiten zu sehen, so daß ein Kind oft die unbewußten, verdrängten Probleme der Eltern leben muß, so fällt es dem Analytiker schwer, vom Patienten richtig erkannte Eigenprobleme einzugestehen – in gewissem Sinne noch schwerer als den Eltern, weil viele Patienten viel schonungsloser als ein Kind sein können und weil die Beziehung ja auch eine andersgeartete ist. Wie die Eltern früher meinten, sie müßten einen Autoritäts- und Unfehlbarkeitsmythos vor dem Kinde leben, so kann der Analytiker seinen Patienten gegenüber in die gleiche Gefahr kommen. Auch für ihn ist es leichter, etwa eine Kritik nur als Übertragung abzuwehren, und hier liegt eine gar nicht zu unterschätzende Gefahr der Methode: die, daß der Analytiker für den Patienten genauso unangreifbar wird wie für das Kind die vollkommenen Eltern, die immer recht haben. Natürlich rächt sich das irgendwann – aber der Patient bezahlt dafür, in jedem Sinne. Es ist uns mit der Gegenübertragung ähnlich gegangen wie mit dem Ödipuskomplex: er wurde auch zunächst vorwiegend vom Kinde her gesehen, als Ausdruck von dessen libidinösen und aggressiven Strebungen zu Vater und Mutter, und der andere Aspekt, wieweit er erst durch Verhaltensweisen der Eltern in aller Stärke konstelliert wird, wurde erst später wichtig. Wir müssen wohl in allen diesen Beispielen die Tatsache anerkennen, daß Fremdbeobachtung leichter ist als Selbstbeobachtung – vor allem, wenn es sich dabei um für unser Selbstgefühl peinliche Inhalte handelt. Offenbar ist die Gegenübertragung ein zweischneidiges Schwert und nicht ohne weiteres immer ungünstig für die Therapie, die ohne sie zu leicht eine künstliche, unlebendige und unechte Atmosphäre bekäme. Lassen Sie mich dafür nochmals auf die Parallele Eltern–Kind und Analytiker–Patient zurückgreifen: würden sich die Eltern so neutral-distanziert zum Kinde verhalten, wüchse es in einer sterilen Atmosphäre auf, die ihm nicht bekäme, wenn sie noch so »hygienisch« wäre. Es würde ihm nicht ermöglicht, alle Gefühlsqualitäten an solchen »objektiven« Eltern zu entwickeln, die es später im Leben braucht, und das ähnliche geschähe einem Patienten bei einem Analytiker ohne Gegenübertragung, ja in gewissem Sinne noch Schlimmeres, da wir doch von den Eltern gemachte Fehler nicht nur vermeiden, sondern sie korrigieren sollen.

Unsere dritte Frage, wieweit die Gegenübertragung vermieden werden kann und wieweit das wünschenswert sei, haben wir z. T. schon mitbeantwortet. Die Gegenübertragung erscheint letztlich als unvermeidlich, weil die Eigenpersönlichkeit des Analytikers gar nicht völlig auszuschalten ist, was ich an anderer Stelle in größerer Breite aufzuzeigen versucht habe*. Ist die Gegenübertragung aber unvermeidlich, sollten wir sie bewußt als therapeutischen Faktor benutzen und miteinsetzen, worauf ich am Schluß noch zurückkommen will. Nicht wünschenswert erscheint mir das Ausschaltenwollen jeder Gegenübertragung aber noch aus einer anderen Überlegung: wenn unsere Auffassung richtig ist, daß unsere Patienten früh Vernachlässigte, zu kurz Gekommene sind, so liegt eigentlich schon darin, daß sie mehr brauchen als objektive Spiegelung, nämlich echte Zuwendung und kompensierend-ausgleichende Haltungen des Analytikers. Strenggenommen ist das aber bereits Gegenübertragung, und wir werden vor die Notwendigkeit gestellt, zwischen Gegenübertragung und Gegenübertragung zu unterscheiden. Hier ist uns zunächst der Gesichtspunkt wichtig, daß alle Neurosen sich nicht mit der gleichen analytischen Haltung heilen lassen. *Freud* hat das in seinen späteren Schriften selbst gesehen, wenn er in »Wege der psychoanalytischen Therapie« (1919) schreibt: »Eine letzte ganz anders geartete Aktivität wird uns durch die allmählich wachsende Einsicht aufgenötigt, daß die verschiedenen Krankheitsformen, die wir behandeln, nicht durch die nämliche

---

* Die Struktur des Therapeuten und ihre Auswirkung in der Praxis. Vgl. unten S. 107

Technik erledigt werden können.« Ansätze zu Vorschlägen solcher Veränderungen der Technik habe ich in einer früheren Arbeit zu geben versucht*.

Die Forderung, daß der Analytiker u. a. dem Patienten gegenüber der Vertreter der Realität sein solle, scheint mir auch in diesen Zusammenhang zu gehören. Das klingt wieder sehr überzeugend – aber »die Realität« gibt es ja immer nur als eine durch Individuen gespiegelte. Auch hier scheint mir die gleiche naturwissenschaftliche Vorstellung einer objektiven, für alle gültigen und von allen gleich erlebten Realität hereinzuragen, eine Vorstellung, die man nicht einfach auf die »seelischen Realitäten« übertragen kann, die so vielfältig sind, wie Individuen es sind. So stoßen wir immer wieder darauf, daß wir naturwissenschaftliche Maßstäbe auf Seelisch-Geistiges anwenden, im Seelischen eine Exaktheit anstreben, die hier so nicht gilt und die uns den Vorwurf einer scheinbaren Wissenschaftlichkeit an falscher Stelle eintragen kann.

Und schließlich noch ein weiterer Grund, weshalb das Ausschaltenwollen der Gegenübertragung unerwünscht ist: wenn ich mich nicht täusche, ist in den Jahrzehnten nach Entstehen der Psychoanalyse eine Verschiebung der Neurosen eingetreten nach dem depressiven und schizoiden Pol, also nach der Seite der »narzißtischen Neurosen«. »Klassische« Hysterien etwa sind seltener geworden, und wir scheinen in einem »Schizoidisierungsprozeß« zu stehen, welcher Ausdruck eines veränderten soziologischen und familiären Hintergrundes ist, sowie eines veränderten Weltgefühls. Wurde früher vor allem die Sexualität verdrängt und kam es daher so oft zu Hysterien, so scheinen es heute mehr Probleme zwischenmenschlicher Art, mitmenschlicher Art zu sein. Wir haben uns aus vielen Bindungen gelöst, sind damit in eine neue Freiheit gestellt,

---

* Über neurosenspezifische Anwendung der psychoanalytischen Technik. Vgl. oben S. 9

die wir noch nicht bewältigen können, haben eine Verantwortung und ethische Entscheidung über uns selbst bekommen, die wir früher höheren Mächten überließen – all das müssen wir erst zu verarbeiten lernen, und die sich auf den neuen Hintergründen abhebenden Neurosen erfordern eine Differenzierung unserer Methode. Wenn die ganz früh Gestörten den für sie typischen lockeren Kontakt zur Welt haben, weil sie nie echte Geborgenheit ausreichend erlebten, daher ihre Objektfindung nur sehr lückenhaft ermöglicht wurde, wirkt auf solche Menschen die Unpersönlichkeit des Analytikers ganz anders als etwa auf eine hysterische Persönlichkeit, deren Ich ja schon viel stärker ist. Da jener lückenhaften Objektfindung immer auch eine ebenso lückenhafte Ichfindung entspricht, weil das immer zusammengehört, ist die reine Spiegelhaltung des Analytikers für solche Menschen eine erneute und verlängerte Frustration. Hier wird man ohne »Gegenübertragung« nicht auskommen, und es hieße die wichtigsten Entdeckungen *Freuds*, die Einsichten in unser Gewordensein, in die Abhängigkeit unserer Entwicklung von bestimmten familiären und soziologischen Hintergründen, verleugnen, wollten wir den veränderten Seins- und Lebensbedingungen eine unveränderte Technik und Theorie entgegensetzen.

Heißt das nun, daß wir unsere bisherige Technik aufgeben müßten? Sicher nicht; nur, daß wir sie modifizieren müssen, was ja in der Praxis meist in größerem Ausmaß bereits geschieht, als allgemein und theoretisch zugegeben wird. Übrigens – und das ist wichtig zu wissen – *Freud* hat selbst offenbar eine viel elastischere und lebendigere Technik angewendet, als man uns oft glauben machen will, wenn wir dem Buche »Tribute to Freud« von H. D.* glauben können, einer Patientin *Freuds*, die über ihre Analyse bei ihm ein Buch ge-

---

* H. D. (= *Hilda Doolittle*), Tribute to Freud. Oxford 1971 (Neuauflage; das Buch ist 1944 geschrieben u. zuerst gedruckt)

schrieben hat. Ich zitiere aus diesem Buch (S. 21, übersetzt vom Ref.): »Der Professor selbst ist unkanonisch genug; er schlägt manchmal mit seiner Hand, mit seiner Faust auf das Kopfende des altmodischen Roßhaarsofas, das mehr Geheimnisse gehört hat als der Beichtstuhl irgendeines ... Beichtvaters ... Bewußt war ich nicht gewahr, etwas gesagt zu haben, was des Professors Ausbruch erklären mochte ... Der Professor sagte: die Schwierigkeit (trouble) ist – ich bin ein alter Mann und Sie meinen, es lohnt sich nicht, mich zu lieben.«

Ich habe das Zitat aus zwei Gründen gebracht: einmal, weil es zeigt, daß Freud – zumindest der alte *Freud*, denn diese Analyse wurde begonnen, als er 77 Jahre alt war – selbst viel weniger freudsch war als viele seiner dogmatischen Anhänger. Aber auch noch aus einem zweiten Grunde: es scheint mir besonders klar zu zeigen, wie *Freuds* richtige Grundkonzeption, daß im Feuer der Übertragungsliebe die letzten Widerstände schmelzen, durch die einseitige Sexualisierung wieder fraglich gemacht wird. Warum sollte die nichtsexuelle Liebe zu einem alten, weisen, bedeutenden und verehrungswürdigen Manne, der er doch zweifellos war, nicht jene einschmelzende und wandelnde Kraft haben können?

Wir wollen nun versuchen, die Gegenübertragung für unsere praktisch-therapeutischen Zwecke näher zu bestimmen. Wir meinten weiter oben schon, daß sicher nicht jede Form der Gegenübertragung unbedingt für die Therapie ungünstig sein müsse, und so scheint es mir unter vorwiegend therapeutischen Gesichtspunkten zunächst angezeigt, die Gegenübertragung aufzuteilen in eine adäquate, nützliche, erlaubte und in eine inadäquate, schädliche, störende. Als inadäquat und störend würden wir die Gegenübertragung dann bezeichnen, wenn sie aus unkontrollierten und unverarbeiteten Ressentiments und Neurotoiden des Analytikers erfolgt, also etwa aus sozialen, geschlechts- und altersbedingten, politischen oder ideologischen Einstellungen; oder wenn unkontrollierte affektive Reaktionen des Analytikers auf Übertragung und Widerstand des Patienten eintreten, die sowohl in der Struktur des Therapeuten liegen, aber auch durch spezifische Eigenarten eines Patienten und durch besondere Übertragungssituationen zustande kommen können. Gefährlich sind solche Gegenübertragungen, wenn sie vom Analytiker nicht erkannt werden. Erkennt er sie, vermag er sie aber nicht zu verarbeiten, sollte man als Grundregel einhalten, den Patienten nach offener Durchsprache der Situation abzugeben. Etwa in dem Sinne, daß man dem Patienten sagt, man glaube ihm nicht gerecht werden zu können, weil man bestimmten seiner Einstellungen und Verhaltensweisen gegenüber nicht die nötige ruhige Distanz habe, um sie wohlwollend aufarbeiten zu können. Oft genügt ein solches Durchsprechen, um die Arbeit fruchtbar fortsetzen zu können. Unterdrückt man seine Gegenübertragung, ist die Gefahr viel größer, vor allem die, echte Bedenken des Patienten als Widerstand zu lesen – eine spezielle und, wie ich meine, besonders gefährliche Form der Gegenübertragung.

Als nützlich und adäquat erscheinen mir folgende Formen der Gegenübertragung, die man sich fast scheut, als Gegenübertragung zu bezeichnen, obwohl sie nach der strengen theoretischen Definition dazu gehören: echte Anteilnahme, Zuwendung, was sich auch in Warnung, Besorgnis, Lob, Empörung und Stellungnahme äußern darf, ja äußern soll, will man nicht in einer scheinbaren Unparteiischkeit den Patienten in Gefahren hineinschlittern lassen. Hier scheint mir nämlich die Hauptgefahr der Spiegelhaltung zu liegen: daß der Patient sich dadurch zu wenig gehalten fühlt. Noch aus einem weiteren Grund halte ich die adäquate Gegenübertragung für wichtig: sie kann möglicherweise ein Agieren des Patienten mildern oder verhindern. Es ist theoretisch und praktisch verständlich, daß das Agieren des Patienten der Psychoanalyse besonders zum Problem werden mußte und daß es einen der schwierigsten Widerstände in der Analyse abgibt. Denn es ist oft so, daß das Agieren auch durch die »analytische Haltung« des Therapeuten mitbedingt werden kann. Sehr oft fühlt sich der Patient durch die analytische Haltung seines Therapeuten nicht genug angenommen und greift zum Mittel des Agierens, um eine Reaktion herauszufordern; wenn man das erst nachträglich ordnungsgemäß analysiert, kann schon inzwischen viel geschehen sein. Die adäquate Gegenübertragung kann ein Schutz dagegen sein. Die Spiegelhaltung ohne Gegenübertragung wird vom Patienten oft als Indifferenz und Mangel an Interesse erlebt, so daß das Agieren des Patienten und die Spiegelhaltung des Analytikers in gewissen Grenzen sich gegenseitig bedingen können. Problematisch kann das vor allem in solchen Fällen werden, in denen ein Patient etwa suizidgefährdet oder präpsychotisch ist. Persönliche Stellungnahme des Therapeuten wird zwar oft Affekte beim Patienten auslösen, aber damit kommt das Problem mehr in die Analyse und die Gefahr des Agierens wird geringer. Wir stehen in der Therapie ja immer zwischen der Scylla, durch eigene Aktivität und Stellungnahme den spontanen Fluß des vom Patienten gebrachten Materials zu unterbinden, und anderseits der Charybdis, durch zu viel Spiegel-Sein den Patienten nicht genügend zu halten. Natürlich lassen sich dafür keine festen Regeln des Verhaltens geben, aber wir sollten es uns zur Grundregel machen, nie zu lang und zu einseitig in einer Haltung zu verharren – wenn etwas in der Therapie gefährlich ist, so ist es die Einseitigkeit. Der Maßstab für die adäquate oder inadäquate Gegenübertragung ist darin gelegen, ob sie erfolgt aus persönlichen empfindlichen Stellen – dann ist sie schädlich – oder aus echter Anteilnahme und vorschwebenden allgemeingültigen Wertmaßstäben. Natürlich ist auch das schon wieder eine schmale Grenze, aber mir scheint es wichtig, einmal die Frage aufzuwerfen, wann ein Mangel an Gegenübertragung ein Fehler sein kann. Wenn wir uns keine Gegenübertragung glauben leisten zu können, sollten wir uns immer fragen, wieweit unser Nicht-Stellungnehmen Angst vor der Gegenübertragung sein kann. Wenn wir uns dagegen die adäquate Gegenübertragung erlauben, dann ist die Klage über die Zumutung der Askese usw. für den Analytiker, wie sie *Kemper* in seiner zitierten Arbeit so eindringlich schildert, eigentlich irrelevant: eine Übertragung anzunehmen, ist kein Opfer; hat man solches Opfergefühl, ist das immer verdächtig und deutet an, daß der Patient einen schwachen Punkt in uns getroffen hat, daß man sich keine Gegenübertragung glaubt erlauben zu können, oder daß man in einer inadäquaten befindlich ist. Kommt eine Gegenübertragung durch eigene Empfindlichkeiten zustande, kann man sie durch Eigenanalyse oder Durchsprechen des Falles mit einem Kollegen aufzuheben versuchen. Hilft uns das nichts, soll man den Patienten abgeben. Kommt die Gegenübertragung im echten Sinne zustande, darf, ja soll man sie äußern. Ein Depressiver kann durch die Äußerung, man sei in Sorge um ihn, wenn er etwa Suizidneigungen hat, gehalten werden, während eine objektiv-analytische Haltung es vielleicht nicht verhindern kann, obwohl, ja gerade weil man lege artis gearbeitet hat.

Ich will nun auf die Anzeichen eingehen, an denen wir eine sich bildende Gegenübertragung erkennen können, wobei jetzt immer nur die inadäquate, störende Gegenübertragung gemeint ist. Man sollte sich zwischendurch immer wieder die Frage vorlegen, wie man eigentlich zu einem Patienten steht, etwa auch im Vergleich zu anderen Patienten, um so eine Selbstkontrolle zu haben; denn diese Einstellung wird in großer Breite unsere Technik und Arbeitsweise beeinflussen, ohne daß wir uns dessen bewußt sind. Zwei wichtige Hilfsquellen dafür sind unser Gespiegeltwerden in den Träumen des Patienten und die Spiegelung von Patienten in eigenen Träumen, die man auch in Kontroll-Analysen beachten sollte. Träume der Patienten von uns sollten wir auch als unbewußte

Spiegelung unseres Wesens gewichtig nehmen und vorsichtig sein, sie nur als Verschiebung und Übertragung zu lesen.

Eine weitere Hilfe ist, uns zu fragen, wie wir zur jeweiligen Stunde mit einem Patienten eingestellt sind: ob wir sie erwarten mit dem Gefühl stöhnender Pflichterfüllung, mit Angst, ausgesprochener Unlust, mit Freude oder einer lockeren Bereitschaft gegenüber dem, was sich jeweils im Patienten konstelliert. Das müssen nicht, können aber oft Anzeichen von Gegenübertragung sein. Sind es solche, müssen wir versuchen, sie in uns zu verstehen. Wie wir vom Patienten erwarten, daß er Erarbeitetes in sich nachklingen läßt, so sollten uns schwierige Patienten auch über die Behandlungsstunde hinaus beschäftigen, weil wir durch die Distanz uns oft leichter über unsere Einstellung zu ihnen klar werden können. Auf der gleichen Linie liegen Anzeichen, die sich während einer Behandlungsstunde zeigen können: Langeweile, Müdigkeit, Gähnen, Körpersensationen, Desinteressiertheit, Unkonzentriertheit, Ärger, um nur die wichtigsten zu nennen. Fehlleistungen gegenüber dem Patienten sind massive Gegenübertragung – man soll sie ja nicht bemänteln, sondern sich mit dem Patienten über sie klarwerden. Es wird dabei immer eine Form geben, die dem Patienten nicht schadet. Unaufrichtigkeit ist jedenfalls die größere Gefahr, weil von da an der Patient in der Tiefe mißtrauisch werden und zweifeln wird. Gibt man dem Patienten gegenüber zu, daß man sich etwa über ihn geärgert hat o. ä., unter Erklärung des Warum, ist das meinen Erfahrungen nach nur günstig. Wenn man ihn hier glaubt schonen zu müssen, ist das meist eine Selbstschonung, und man bringt den Patienten u. U. in die alte, an den Eltern erfahrene Lage, daß der Partner zwar Aufrichtigkeit von ihm erwartet, selbst aber nur begrenzt dazu bereit ist, was eine geradezu traumatische Wirkung haben kann. Manche Analysen kranken an solchen unterdrückten oder nicht zugegebenen Gegenübertragungen, die dann die Erklärung sein können für einen schleichenden Widerstand im Patienten, der vielleicht nie aufgehoben werden kann und vom Analytiker, in seiner eigentlichen Ursache nicht erkannt, auf immer neue Widerstandsmotive zurückgeführt wird. Dadurch kann die Analyse für den Patienten quälend werden, was sich gerade bei Schwerkranken verhängnisvoll auswirken kann.

Eine weitere Kontrolle unserer Einstellung zum Patienten und einer möglichen Gegenübertragung ist, uns zu fragen, wie wir selbst uns in der jeweiligen Behandlung erleben, ob gelöst, mit freischwebender Aufmerksamkeit, entspannt oder verkrampft, unnatürlich, zu technisch; ich brauche das wohl nicht weiter auszuführen. Manchmal wird einem ein Stück Gegenübertragung plötzlich bewußt, wenn man einen Patienten zufällig außerhalb der Analyse trifft, oder wenn ein Angehöriger des Patienten uns aufsucht – aber auch schon in unserer Einstellung zu den Bezugspersonen des Patienten in der Analyse selbst. An solchen Stellen kann man erleben, daß das bisherige Bild, das wir von unseren Patienten hatten, sich beträchtlich verschiebt, oder das Bild der bisher nur durch ihn gesehenen Angehörigen. Ich halte es heute daher für wünschenswert, daß man im Laufe einer Analyse etwa den Partner des Patienten einmal oder öfter sieht, gerade auch wegen der Kontrolle der Gegenübertragung, weil die unterdrückte, nicht zugelassene Gegenübertragung die Neigung hat, sich auf die Angehörigen des Patienten zu verschieben und sich an ihnen abzureagieren in der Analyse. So kann sich etwa ein unterdrückter Ärger über langsame Fortschritte des Patienten verschieben, indem man ihn auf eine Bezugsperson des Patienten unbewußt projiziert und man diese viel negativer und hemmender sieht, als berechtigt und damit evtl. auch den Patienten gegen sie beeinflußt. Von daher kommt es z. T., daß die Angehörigen oft zu Gegnern der Analyse werden statt zu Helfern, was in manchen Fällen durch kurze Aussprachen mit ihnen vermieden werden kann. Der nicht analysierte Partner sollte immer die Möglichkeit haben, den Analytiker zu sprechen, damit er nicht seinerseits projiziert und sich nicht völlig ausgeschaltet fühlt aus einem Prozeß, der ihrer beider Gemeinschaft so zentral angeht. Wir sollten uns also bei einer Gegenübertragung immer fragen, wo sie, wo ihr emotionaler Anteil bleibt, wie sie sich umsetzt, wenn wir sie nicht zulassen.

Wenn wir uns weiter bei unseren Patienten daraufhin kontrollieren, ob und wieweit wir bei ihnen gern oder ungern etwas versagen, fordern, zumuten, gehen uns ebenfalls oft Hintergründe der Gegenübertragung auf. Sobald solche emotionalen Einstellungen uns bewußt werden, sollten wir sie bei uns analysieren und in uns klären. Das »Annehmenkönnen« des Patienten, ein etwas unbestimmter, aber dennoch brauchbarer Begriff, weil er vieles von dem schon Gesagten umfaßt, ist auch ein solcher Punkt, an dem uns eine Gegenübertragung bewußt werden kann. Meist ist in der Vorbesprechung schon ein Gefühlseindruck vorhanden und sollte von uns beachtet werden – es wird irgendwann in der Analyse sicher zum Problem werden, wenn wir schon in der Erstbesprechung das Gefühl hatten, den Patienten schwer annehmen zu können. Wenn möglich, sollte man daher schon hier seine Patienten mehr »sieben«. Und dann noch ein wichtiges Anzeichen, das in diesem Zusammenhang oft zu wenig beachtet wird: wir sollten uns bei Widerständen des Patienten immer auch die Frage vorlegen, ob und wieweit diese möglicherweise durch eine uns unbewußte Gegenübertragung konstelliert sein können. Den Widerstand immer und einseitig nur beim Patienten zu suchen, ist genau so falsch, wie etwa den Trotz eines Kindes nur als dessen Fehlhaltung zu sehen, ohne uns Rechenschaft zu geben, wieweit eigene Verhaltensweisen ihn mitverursacht oder verstärkt haben können. Und schließlich sollte jeder Analytiker seine strukturspezifischen Gefahren als Möglichkeiten von Gegenübertragung kennen – er wird ihnen dann weniger leicht verfallen, sie wachsend in die Hand bekommen, mit ihnen umgehen können, oder aber seine Patienten dementsprechend auswählen und die abgeben, die ihm seiner Struktur nach nicht liegen. Man kann ja immer wieder die Erfahrung machen, daß nicht jedem jeder Patient liegt, und man sollte nicht den Ehrgeiz haben, es mit allen zu können, was meist der Patient bezahlt.

Ich komme nun zum dritten Punkt meiner Ausführungen: zum Aufzeigen der Stellen, an denen es besonders leicht zum Übersehen einer störenden Gegenübertragung kommt; damit können wir zugleich einige typische Formen der Gegenübertragung beschreiben. Dies pflegt z. B. der Fall zu sein, wenn der Analytiker zu sehr von theoretischen Vorurteilen und Dogmen erfüllt ist. Dann dominiert die Theorie, man findet, was man sucht und finden möchte, weiß und erwartet, und lenkt so unbewußt in »theoretischer Gegenübertragung« die Analyse – die dann im Typischen stecken zu bleiben pflegt, weil alle Theorie nur Typisches erfassen kann und der Eigenformel des Patienten nicht gerecht wird. Am Rande sei erwähnt, daß auch unsere Neurosen- und Strukturvorstellungen schon solch ein Stück theoretischer Gegenübertragung enthalten können. Dann liest man Abweichungen von der Theorie leicht als Widerstand, was um so gefährlicher werden kann, je mehr theoriegebunden der Analytiker ist.

In der Art der Traumdeutung und Traumbehandlung liegt oft das gleiche Problem vor, was u. a. die Erklärung dafür ist, warum Patienten »schulgerecht« träumen – wie man das Unbewußte anspricht, so antwortet es eben. Darum wird die Forderung nach individuellen Realeinfällen des Patienten über das Symbolische und Typische hinaus besonders wichtig, wollen wir den Patienten nicht in die Lage des Patienten bringen, der verzweifelt seinen Therapeuten gefragt haben soll, was er denn tun solle, wenn er einmal von einem wirklichen Bleistift träumen wolle. Hier läge also das Problem der »induzierenden Gegenübertragung« vor, wie wir sie nennen können, das sich immer dann konstellieren kann, wenn der Therapeut unbewußt-tendenziös das gebrachte Material des Patienten auswählt. Das läßt sich um so eher vermeiden, je weniger man an einer bestimmten Theorie oder Technik festhält, wie man ja auch nicht mehr an die Grammatik denkt, wenn man eine Sprache wirklich beherrscht. Hier ragt aber auch wieder die Eigenstruktur des Therapeuten entscheidend herein, auf Grund welcher er dazu neigt, solche unbewußt-tendenziöse Auswahl zu treffen. Ob er etwa mehr für Kampf oder Verzicht ist, triebfreundlich oder asketisch, welche eigenen »Skotome«, Vorlieben, Abneigungen usw. er hat – all das wird sich atmosphärisch, auch unausgesprochen, bemerkbar machen und ist unvermeidlich. So wird ein kinderloser Therapeut etwa leichter nur den Patienten und dessen Probleme sehen, ohne die Familie genügend einzubeziehen; ein unverheirateter kommt leichter in die Gefahr, den Patienten zu sehr an sich zu binden usw. Auch schon die Art, wie man eine Neurose liest und diagnostiziert, ist mit von der Eigenstruktur abhängig – was erklärt, wieso derselbe Patient oft so anders erlebt und diagnostiziert wird von verschiedenen Analytikern.

Eine weitere Form der Gegenübertragung ist die »emotionale Gegenübertragung«, das persönliche Reagieren mit zuviel Sym- oder Antipathie, was wieder stark abhängig ist von der Eigenstruktur des Analytikers und seinen entsprechenden Reaktionen auf die verschiedenen Neuroseformen seiner Patienten. Zuviel Sym- oder Antipathie kann zu hier nicht mehr notwendig zu beschreibenden Fehlern führen in Richtung des Schonens, Verwöhnens und Werbens einerseits, des Zappelnlassens, Schmorenlassens und Ablehnens anderseits. Neben dem Reagieren auf den eigenen und den Gegentyp mit zuviel Sym- oder Antipathie kann die emotionale Gegenübertragung eine Rolle spielen in der Analyse wichtiger, einflußreicher Persönlichkeiten, bei sehr gut oder wenig zahlenden Patienten und bei solchen, mit denen man in irgendeinem Sinne entweder eine Schicksalsgemeinschaft spürt oder die einen an eigene erlebte Konflikte erinnern.

Eine weitere Möglichkeit der Gegenübertragung kann dann aufkommen, wenn der Therapeut zu ehrgeizig ist und Erfolg sehen will. Dann kann er nicht nur Positives überschätzen, überbewerten, sondern auch den Patienten drängen, überzeugen wollen, auch von der Richtigkeit seiner – des Analytikers – Konstruktionen, Deutungen, Auslegungen. Wir können dies die »ehrgeizige Gegenübertragung« nennen. Diese kann auch eine Rolle spielen bei »geerbten« Patienten, die man von einem Kollegen übernommen hat oder die bei einem Kollegen weggelaufen sind. Hier kann einen besonders leicht der Ehrgeiz packen, es besser zu machen und einem die ruhige Einstellung trüben; man ist besonders leicht geneigt, dem Patienten seine Kritik am Kollegen zu glauben und mit ihm in entgegengesetzter Richtung zu arbeiten, als sie vom Vorgänger eingeschlagen wurde, was dann vom Patienten gespürt und ausgenutzt werden kann. Die ehrgeizige Gegenübertragung kann besonders gefährlich werden für depressive und gefügige Patienten, die sich nun bemühen, ein »Erfolg« zu sein und den Analytiker nicht zu enttäuschen, dadurch sich überfordern und ihre Neurose tiefer einspuren.

Und schließlich kann der Analytiker leicht in eine Gegenübertragung kommen, wenn die Analyse »nicht geht« oder ein Mißerfolg zu werden droht. Dann kann er aus Unsicherheit und nicht verarbeitetem Machtkomplex, Autoritätskomplex, oder weil er von der Methode oder vom Patienten enttäuscht ist, ihn das spüren lassen und die Tendenz haben, dem Patienten den Mißerfolg zuzuschieben. Wir können diese Form die »rächende Gegenübertragung« nennen. Sie tritt auch leicht auf bei zu lang unterdrückter Gegenübertragung. Zu Beginn der Analyse kann sie eine Rolle spielen, wenn der Patient in den ersten Behandlungsstunden, ja schon in der

Vorbesprechung, zu wenig bringt, womit man etwas anfangen kann.

Damit haben wir die häufigsten Formen der Gegenübertragung beschrieben; sie ließen sich natürlich noch detaillieren, aber mir kam es hier darauf an, einige zusammenfassende Formulierungen zu finden, die mögliche Sonderfälle mit umgreifen.

Zum Schluß noch einige Worte über die Handhabung der Gegenübertragung. Das Wichtigste scheint mir zu sein, sie sich bewußt zu machen und ihre Hintergründe in sich selbst zu verstehen. Die Grundregel: Gegenübertragung nicht anwachsen lassen. Ein gutes Mittel ist, dem Patienten die Gegenübertragung zu beschreiben, etwa in der Form, daß man den empfundenen Affekt als möglicherweise vom Patienten gewollt zur Diskussion stellt. Dann wird man seinen Affekt in legaler Weise los, kommt nicht in eine masochistische Opferhaltung und macht außerdem ihn noch therapeutisch fruchtbar: der Patient merkt, daß seine Absicht angekommen ist, oder sie wird ihm hierbei erst bewußt. Wie schon erwähnt, kann er andernfalls an solchen Stellen in unnötigen Widerstand oder ins Agieren getrieben werden. Gerade das Ankämpfen gegen die Gegenübertragung führt leicht dazu, daß der Analytiker sich überfordert vorkommt, sich zuviel zugemutet fühlt und in der Reaktion darauf Fehler macht.

Erkennt ein Patient eine Gegenübertragung richtig, soll man sie zugeben. Die in der Analyse geforderte Aufrichtigkeit ist eine gegenseitige. Man soll dann die Gegenübertragung dem Patienten verstehbar begründen. Nur in seltenen Fällen wird ihr Eingeständnis der gemeinsamen Weiterarbeit schaden, dann nämlich, wenn sie zu stark war; dann soll man die Möglichkeit des Therapeutenwechsels besprechen. Vorher sollte man aber den Patienten die erkannte Gegenübertragung ausfantasieren lassen, was analytisch fruchtbar werden und den Wechsel nicht mehr nötig erscheinen lassen kann. Oft reizt und irritiert einen ein Patient durch Angewohnheiten (Nasengeräusche, Fußklopfen, Stereotypien) und es ist immer besser, das bald aufzugreifen, auch mit dem evtl. Hinweis, *daß* es einen reizt, als den Ärger in sich anwachsen zu lassen – er kommt dann nur an anderer Stelle und evtl. als »rächende Gegenübertragung« heraus, also inadäquat. Es ist übrigens ein gutes Barometer für unsere Einstellung zu einem Patienten, ob wir ihm solche Kritik sagen können. Haben wir eine störende Gegenübertragung, wird es uns sehr viel schwerer fallen, weil wir befürchten, unsere Kritik könne versteckte Aggressionen enthalten, die über den Anlaß hinausreichen. Wenn uns anderseits eine Kritik zu leicht fällt, haben wir sehr wahrscheinlich ein Stück »rächender Gegenübertragung« in uns aufgestaut.

Hat man erst einmal die Angst vor der Gegenübertragung überwunden, kann es einem wie seinerzeit *Freud* mit der Übertragung gehen: das scheinbar Störende wird wachsend ein wichtiges therapeutisches Hilfsmittel – allerdings nur, wenn einem die Therapie wichtiger ist als eine starr festgehaltene Technik. Dann kann die Gegenübertragung auch eine Art gesunder Schockwirkung haben, indem der Analytiker aus seiner analytischen Haltung heraustritt und den Patienten mit etwas ganz Neuem konfrontiert: einer echten und durchaus menschlichen Reaktion. Lassen Sie mich zum Schluß noch betonen, daß jede zu lang anhaltende künstliche Haltung zugunsten einer Technik und Methode eine Vergewaltigung der Eigenpersönlichkeit des Analytikers bedeutet, die sich rächt. Wer also zuviel von seinem Eigensein einer mythischen Objektivität der Methode opfert, wird in der Therapie dafür bezahlen. Ich kann mich auch hierin auf *Freud* berufen, der in der schon zitierten Arbeit »Ratschläge für den Arzt bei der psychoanalytischen Behandlung« schreibt: »Aber ich muß ausdrücklich sagen, diese Technik hat sich als die einzig zweckmäßige für meine Individualität ergeben; ich wage es nicht in

Abrede zu stellen, daß eine ganz anders konstituierte ärztliche Persönlichkeit dazu gedrängt werden kann, eine andere Einstellung gegen den Kranken und gegen die zu lösende Aufgabe zu bevorzugen.« Und eine weitere wichtige Stelle aus der gleichen Arbeit *Freuds*, die sehr schön zum Ausdruck bringt, daß wir am besten arbeiten, wenn wir ohne Voreingenommenheit irgendwelcher Art sind: »Dagegen gelingen jene Fälle am besten, bei denen man wie absichtslos verfährt, sich von jeder Wendung überraschen läßt, und denen man immer wieder unbefangen und voraussetzungslos entgegentritt.« Das scheint mir der Ausdruck therapeutischer Meisterschaft zu sein. Man könnte hinzufügen: es gelingen jene Analysen am besten, bei denen man möglichst wenig eine analytische oder sonstige »persona« hat und nicht aus Angst vor der Gegenübertragung sich zu einer schablonenhaften Haltung zwingt. Wenn es eine Gefahr aller Wissenschaft vom Lebendigen ist, daß das Erkannte und theoretisch Formulierte nun seinerseits ein Eigenleben führt, einen Zwang auf uns ausübt und uns festlegt, so sollten wir wenigstens in der Therapie vorsichtig sein, keiner Schablone verfallen und sie elastisch halten, neuen Forderungen angleichen, die durch veränderte Außenbedingungen auftreten. Gerade dann werden wir entdecken, daß die Grundlagen unseres Wissens gültig bleiben, wenn wir bereit sind, wenn wir fähig sind, mit *Freuds* Worten absichtslos, unbefangen und voraussetzungslos uns dem jeweiligen Patienten zu stellen. Es ist vielleicht wichtig, hier noch hinzuzufügen, daß das alles erst für den erfahrenen Therapeuten gilt, nicht für den Anfänger, der sich an das Überlieferte halten soll, bis er seine eigene Form und Sicherheit gefunden hat.

So scheint mir die wachsende Einsicht in die Bedeutung der Gegenübertragung den tieferen Hintergrund einer Wandlung der zwischenmenschlichen Beziehungen in unserer Kultur zu haben, die sich u. a. auch ausdrückt in einer Wandlung des

Verhältnisses zwischen Therapeut und Patient, vergleichbar mit der Wandlung, die in der Eltern-Kind-Beziehung deutlich wird: dem Zurücktreten der Autorität zugunsten einer unmittelbaren menschlichen Beziehung.

Die Struktur des Therapeuten und ihre Auswirkung in der Praxis (1959)

Die Besonderheit der Beziehung zwischen Arzt und Patient in der Psychotherapie bringt es mit sich, daß wir in der Psychotherapie mit der Persönlichkeit des Therapeuten selbst als entscheidend wichtigem Faktor in ganz anderem Maße rechnen müssen als in der somatischen Medizin. Man hat immer wieder gemeint, die persönlichen und als solche »störenden« Einflüsse weitgehend ausschalten zu können, indem man eine gleichsam überpersönliche Methode zu entwickeln versuchte, die unabhängig von der Persönlichkeit des Arztes oder Patienten verläßlich sein sollte. Dieses Bemühen ist verständlich aus der Herkunft der Psychoanalyse von einer naturwissenschaftlich orientierten Medizin. Auftretende Schwierigkeiten, die deutlich im Therapeuten selber liegen, werden ganz folgerichtig als Gegenübertragung bezeichnet, worin bereits zum Ausdruck kommt, daß der Therapeut in solchem Fall versagt hat in der Ausschaltung alles Persönlichen und damit der souveränen Handhabung der »Technik«. Das dahinterstehende unausgesprochene Ideal einer »reinen Methode« läßt aber zu leicht übersehen, wie sehr eine solche im Bereich des Lebendigen immer nur in Grenzen möglich ist, zumal bei einem ausgesprochen zwischenmenschlichen Geschehen wie der Psychotherapie. Wie wir meines Erachtens unsere Arbeitsweise neurosenspezifisch der Struktur des Patienten anpassen sollten, müssen wir auch mit der Eigenstruktur der Persönlichkeit des Therapeuten rechnen, die immer ihre spezifischen Probleme mit sich bringen wird.

Erfahrungen aus der eigenen Praxis und aus langjähriger Tätigkeit als Lehr- und Kontrollanalytiker liegen den folgenden Ausführungen zugrunde, die vor allem dem Lernenden helfen sollen, mögliche Fehlerquellen, die in ihm selbst liegen, zu erkennen. Neben allem Unbeschreibbaren, einmalig Individuellen einer Persönlichkeit lassen sich bestimmte Typen von Therapeuten beschreiben mit ihren entsprechenden struktureigenen Problemen, die übersehen zu wollen einer Verdrängung gleichkäme. So wichtig dafür die Lehranalyse ist, so wenig vermag sie allein diese Probleme zu lösen, die über die Lehranalyse hinaus wohl nur auszugleichen sind durch zunehmende Reifung, Einsicht, Ausweitung der Gesamtpersönlichkeit. Wenn man seine Strukturzugehörigkeit und die in ihr liegenden Gefahren für die Therapie und für bestimmte Patienten kennt, ist es fruchtbarer, seine Persönlichkeit in die Therapie einzubeziehen, als sie hinter der Methode zu verbergen, worin immer die Gefahr liegt, daß das angestrebte Überpersönliche zum Unpersönlichen und damit oft Unmenschlichen wird.

Kommen wir nun zur Darstellung der vier Persönlichkeitstypen. Der Therapeut mit *hysterischen* Strukturanteilen vermag im allgemeinen sehr rasch etwas im Patienten auszulösen, zu aktivieren, in Gang zu bringen. Es kommt meist zu Patient und Therapeut gleichermaßen erfreuenden Anfangserfolgen, zu einer gegenseitigen »positiven Übertragung«, gleichsam zu Flitterwochen in der Therapie, in denen alles gut läuft. Tauchen dann die ersten größeren Schwierigkeiten auf, empfindet der Therapeut sie leicht als persönliche Kränkung, der Patient »enttäuscht« ihn, er kann fast beleidigt reagieren, und es entsteht die Gefahr, daß sein Interesse plötzlich erlahmt. Er stellt für sich oder auch ausdrücklich eine pessimistische Prognose, der Patient spürt die veränderte Einstellung, ist nun seinerseits enttäuscht.

Depressive Patienten bekommen das Gefühl, versagt zu haben, reagieren mit Schuldgefühlen; die Unmöglichkeit zu verstehen, was sie falsch gemacht haben, kann sie in verzweifelte Hoffnungslosigkeit absinken lassen. Hysterische Patienten neigen an solchen Stellen zum Abbruch, was dann vom Therapeuten oft als Widerstand umgedeutet wird, wenn er den eigenen Anteil an dessen Zustandekommen nicht zu sehen bereit ist. Oder aber der Therapeut gerät nach der guten Anfangsphase in die Lage des *Goethes*chen Zauberlehrlings: er hat soviel aktiviert, auch an Übertragung, daß es ihm nun über den Kopf zu wachsen droht, er plötzlich Angst bekommt, abwehrt, abweisend wird, was wiederum zu einer Krise führen kann, wenn die Zusammenhänge nicht erkannt werden. Dieser Typ meint zu leicht, sich über Methodisches hinwegsetzen zu können – die tradierte Methode erscheint ihm als altmodisch, überholt, »ungenial«, oft bevor er sie gründlich erlernt hat –; so riskiert er zuviel, was nicht genügend unterbaut ist. Hierher gehört auch der Therapeut, in den sich alle Patienten, vor allem die gegengeschlechtlichen, rasch verlieben; er realisiert nicht, wie er dies durch seinen Narzißmus provoziert und konstelliert. Er fordert überhaupt leicht zu früh Übertragung heraus, z. B. indem er zu früh und zu ausschließlich bei Traumfiguren, Traumgeschehen – vor allem positivem – sich selbst als Übertragungsfigur anbietet, für Traum- und reale Kritik weniger empfänglich ist. Bleibt die Analyse in dieser Phase stecken, so fühlt der Therapeut sich mehr und mehr hilflos, was nur aufgefangen werden kann, indem er sich mehr der Kritik des Patienten stellt und mehr Realität in die Übertragungssituation hereinnimmt. Eine Gefahr dieses Therapeuten ist auch die Ungeduld, die rasche Erfolge für den eigenen Narzißmus sehen möchte und dadurch die Patienten leicht überfordert, wieder vor allem depressive, aber auch zwanghafte Patienten, die von ihm leicht als »langweilig« empfunden werden. Dieser Therapeut liest Depressionen leicht als Hysterie und kann dadurch schwere Fehler begehen.

All das beginnt schon in der Vorbesprechung, wo der Therapeut »wirken« will, auf den Patienten Eindruck machen will. Hysterische Patienten pflegen das rasch zu durchschauen, und wenn sie nicht wegbleiben, kommt es statt zu ernsthafter Arbeit zu einem Geplänkel, einem »Katz-und-Maus-Spiel« zwischen Patient und Therapeut, bei dem der Therapeut meist verliert. Geschlechtsgebundene Ressentiments, Personahaftes, Identifikation mit Rollen (»der große Heiler« u. a.) werden dem hier beschriebenen Therapeuten leicht zur Gefahr, Unechtheit in irgendwelchem Sinne. Allgemein neigt er dazu, zu früh zum Risiko, zur Entscheidung, Veränderung einer Lage, zum Sich-Stellen und zur »Begegnung« zu drängen. So gut das sein kann, so falsch ist es, wenn es nicht aus organischer Entwicklung des Patienten sich ergibt, wenn der Patient dem noch gar nicht gewachsen ist. In Krisen hat bei ihm gewöhnlich der Patient Unrecht. Kommt es durch eigene Fehler zu solchen, kann im schlimmsten Falle der Patient als paranoid bezeichnet werden, wenn er etwa dem Therapeuten berechtigte Vorwürfe macht, die dieser nicht anzunehmen bereit ist. Oder die Krise wird vom Therapeuten aus Schuldgefühl wegen der zu eigenwilligen, unmethodischen Arbeit panikartig überschätzt bis zur scheinbaren Psychosegefährdung des Patienten. Am häufigsten ist es aber in solchen Krisen so, daß der Therapeut die Lust verliert, Angst vor dem Patienten bzw. seiner Übertragung bekommt, bewußt oder unbewußt den Patienten in Widerstände treibt, etwa durch Stellen von Bedingungen, Terminsetzungen u. ä., die zum Abbruch führen. Oft wird an solcher Stelle auch dem Patienten – rationalisiert auf verschiedene Weise – nahegelegt, den Therapeuten zu wechseln, so einem Abbruch von seiten des Patienten zuvorkommend und scheinbar noch die Führung in der Hand habend.

So hat dieser Therapeut Schwierigkeiten bei Schizoiden, weil er deren scharfer Kritik nicht standhalten kann, bei Zwanghaften, weil ihm für diese die Geduld, der lange Atem für gründliche Kleinarbeit zu fehlen pflegt; depressive Patienten werden leicht falsch gesehen und überfordert, mit Hysterikern kommt es zu dem beschriebenen Geplänkel.

Die Keimsituationen, in denen dieser Therapeut sowohl seine Eigenart therapeutisch glücklich einsetzen als auch den oben beschriebenen Gefahren unterliegen kann, scheinen mir vor allem folgende zu sein: die Bereitschaft zur Spontaneität der Reaktion, die sowohl eine fruchtbare Unmittelbarkeit des Kontaktes zum Patienten herstellen kann, wie sie die Gefahr enthält, den Patienten zu überrennen, zuviel vorwegzunehmen, sich selbst zu sehr in den Vordergrund des Geschehens zu spielen; die Bereitschaft, sich als »psychodramatischer« Gegenspieler einzulassen, zu affektiver Beteiligung, mit der Gefahr, sich zu sehr einbeziehen zu lassen und aus der mangelnden Distanz die Übersicht zu verlieren; die Intensität der persönlichen Zuwendung mit der Gefahr, zu sehr um Sympathien zu werben, anfangs zu optimistisch zu sein, falsche Erwartungsvorstellungen zu wecken und diese Zuwendung nicht gleichmäßig durchhalten zu können.

Kommen wir zu den spezifischen Schwierigkeiten des Therapeuten mit *zwanghaften* Strukturanteilen. Dieser Typ neigt dazu, sich hinter starren Prinzipien, Regeln, Methoden zu sichern; er hat, wie man sagen könnte, sein Über-Ich in die Methode verlegt und wagt nichts, was nicht vorgeschrieben, gelernt ist; er riskiert nicht, sich eigenen Einfällen und Reaktionen seines Unbewußten zu überlassen. Hierher gehören die Dogmatiker aller Schulen, die es gleichsam dem Patienten übelnehmen, wenn er ihren theoretischen Erwartungsvorstellungen nicht entspricht. Daraus kann es zu einer Vergewaltigung der Eigenart des Patienten kommen, die man vom Typischen her nicht erfassen kann; der Patient wird in theoretische Schemata gepreßt und die Analyse bleibt zu rational-intellektuell. Durch die starre Haltung konstelliert dieser Typ besonders leicht Widerstände im Patienten; bei ihm pflegt daher die Widerstandsanalyse eine große Rolle zu spielen. Gerade weil er ja lege artis »sauber« arbeitet und die Technik beherrscht, hält er diese Widerstände als unvermeidlich zum Prozeß der Analyse gehörig, ohne unter Umständen den eigenen Anteil an ihrer Auslösung zu erkennen. Gefährlicher wird das, wenn dahinter noch ein Stück unbewußten Sadismus' steht, wenn der Therapeut etwa im zu starren Einhalten von Grundregeln, die nur richtungsweisend sein sollten, zum lastenden Über-Ich für den Patienten wird. So ist er auch in Krisen nicht geneigt, seine Methode zu lockern, er versucht im Gegenteil eher, durch straffere Anwendung der Technik etwas zu erzwingen, überzeugt von der Richtigkeit seiner Haltung. Ist bei diesem Typ positiv die verläßliche Ausdauer, Geduld, Gründlichkeit und Konsequenz, das bemühte Sich-Zurücknehmen in überpersönliche Sachlichkeit, so wird ihm doch zu leicht das »Fahrzeug« wichtiger als das Ziel. Er verspricht sich am meisten von einer Verfeinerung der Technik, von immer klarerem Durchschauen von »Mechanismen«; er strebt eine objektive Methode an, die immer »richtig« ist, übersehend, daß im Bereich des Menschlichen die Kategorie »richtig-falsch« durch die höhere »wahr-unwahr« ersetzt werden sollte. Solche Therapeuten können dann auch folgerichtig z. B. eine Genese vollständig erklären, weil man mit jedem theoretischen Vor-Urteil beweisen kann, was man beweisen will. Trotzdem, oder besser, gerade deshalb, fühlt sich der Patient oft bei ihm nicht individuell verstanden, erlebt sich zu leicht als »Fall«, der dem Therapeuten vor allem wissenschaftlich interessant ist. Die Illusion einer möglichen »richtigen« Analyse pflegt zunehmend die Intuition zu hemmen, und konsequenterweise wird nun, was Beginn, Durchführung und Beendung der Analyse betrifft, immer feiner und spezieller herausgearbeitet, so daß im Therapeuten eine immer klarere Vorstellung davon entsteht, wie eine »richtige« Analyse gesetzmäßig verlaufen müsse, wann was an Material kommen darf usf. Wie schon versucht wird, den Anfang der Analyse (Anamnese) in stereotypen Regeln festzuhalten, so bestehen gleich starre und regelhafte Vorstellungen von den Kriterien für das Ende einer Analyse, bzw. kann vor lauter Perfektionismus kein Ende gefunden werden. In der Identifikation mit der vollkommenen Methode wird der Therapeut mehr und mehr unpersönlich, was er selbst als Vorzug sieht, und erscheint so bei allem Bemühen wachsend »unmenschlich«, keiner echten Beziehung fähig. Hier können gute Theoretiker entstehen, die aber in der Praxis oft unsicher sind. Aus dem Stück Unsicherheit ist dieser Typ dann oft zu sehr behauptend, er weiß alles besser als der Patient; d. h. eigentlich nicht er, sondern seine Theorie, was die Lage für den Patienten noch schwieriger macht, weil die Theorie unangreifbarer ist. Dieser Therapeut wird vom Patienten lange als »vollkommen« erlebt, ihm passiert sicher keine Gegenübertragung. Honorar und Zeit werden ebenfalls zu starr gehandhabt, und die Analyse kann mehr und mehr zu einem gekonnten Zeremoniell werden. Aus der Eigenstruktur ist dieser Typ oft zu abwartend, er kann den Patienten schwer zum Risiko, zu Entscheidungen ermuntern.

Im allgemeinen hat er besondere Schwierigkeiten mit hysterischen Patienten, weil sie in ihrer Regellosigkeit nicht in sein System passen wollen, für die er oft zu starr ist, und die er gern in seine eigene Richtung drängen möchte. Er ist bei ihnen meist für »drakonische Maßnahmen«, nicht zuletzt aus uneingestandenem Ressentiment wegen der, gerade hysterischen Patienten gegenüber, empfundenen eigenen Enge und Festgelegtheit. Depressive Patienten spüren die Verläßlichkeit, die für sie so wichtig ist, aber auch die Unerbittlichkeit der Forderung, daß sie anders sein sollten, ohne daß ihnen Ziele angeboten oder Wege gezeigt werden. Schizoide Patienten können bei diesem Therapeuten überwertige Vorstellungen von Psychosegefährdung auslösen, soweit er in sich die Grenzen zu sorgfältig gemieden hat, die ihn in Unsicherheit und Gefährdung führen könnten; er arbeitet oft zu lange an den negativistischen, aggressiv-destruktiven Seiten des Patienten und deren Genese, ohne neue Erlebnismöglichkeiten zu vermitteln.

So sind die wichtigsten Keimsituationen dieses Therapeuten: seine Neigung zu stabiler Beharrlichkeit mit der positiven Seite verläßlicher Konsequenz und zäher Durchhaltekraft, mit der Gefahr, spontane Reaktionen nicht zuzulassen; die Konzentration der Kräfte, die oft mit unnötigem Kraftaufwand eine Entweder-oder-Lösung anstrebt, wo man mit größerer Elastizität mehr lebendige Spannung sehen könnte; seine Gründlichkeit des Bemühens um die Krankheitszusammenhänge, die nicht zu überwertigem kausal-genetischen Bedürfnis werden und Raum lassen sollte für das Vertrauen in die lebendigen Kräfte des Lebens, die heilend sein können, auch wenn der Prozeß nicht voll verstanden wird; wie dieser Therapeut überhaupt lernen sollte, das Irrationale anzunehmen.

Die Therapeuten mit *depressiven* Strukturanteilen haben die Hauptschwierigkeit, daß sie sich vom Patienten, vor allem vom hysterischen und depressiven, überfordern lassen. Dank der eigenen Struktur sind sie bereit, alles ernst und schwer zu nehmen, sehen deshalb auch oft die Hysterie als Depression. Sie identifizieren sich zu sehr mit dem Patienten und können so oft nicht die wahre schöpferische Distanz einhalten, aus der allein man echt helfen kann; sie sind dem Patienten zu nahe. Haben sie oft überdurchschnittliche Einfühlung und Verstehen, so fehlt es ihnen dafür leicht an der gesunden, auch fordern könnenden Härte. Sie lassen sich zu weit mitfühlend mit dem Patienten ein, trösten zuviel, wo sie analysieren sollten, und können so, wie auch durch zu niedrige Honorarforderung, ausgenutzt werden. Auch mit der Zeit sind sie leicht zu nachgiebig. Sie neigen zu Schuldgefühlen, weil sie nicht besser oder schneller helfen können, sind zu bereit, entsprechende Vorwürfe, vor allem hysterischer und schizoider Patienten, anzunehmen. Bei ihnen hat überwertig immer der Patient recht. Alle Probleme, Krisen und Rückfälle sind sie bereit, als eigenes Versagen zu lesen. Aus ihrer Schuldgefühlsbereitschaft neigen sie dazu, zu verwöhnen, zuviel anzubieten, es dem Patienten zu leicht zu machen. Dabei sind sie aufopfernd, geduldig, sich einsetzend und imstande, auch ein großes Liebesdefizit in hingebender Arbeit auszugleichen, können aber unter Umständen Patienten aus eigenem unbewußtem Liebesbedürfnis schwer loslassen.

Weil sie schwer fordern können, fallen ihnen schizoide und hysterische Patienten besonders schwer; sie lassen sich oft von ihnen quälen bis zu masochistischen Haltungen, die dann keinem mehr nützen. Sie haben immer das Gefühl, der Patient müsse vor allem nachholen, halten sich dafür hin, übernehmen die Mutterfunktion und können so im schlimmsten Falle mit dem Patienten in eine Regression verfallen, aus der sie dann nicht mehr herausfinden. Sie trauen sich selbst meist zu wenig zu, überschätzen die Folgen wirklicher oder vermeintlicher »Fehler« und resignieren zu früh, was ihr Wissen und Können anbelangt. Sie können daher schwer überzeugen und mitreißen, oft auch, weil sie unbewußt eine depressiv-resignierte Einstellung zur Methode, zur Theorie als solcher haben, ihr nicht ganz trauen. Das einfühlende Mitleid kommt oft schon in der Vorbesprechung zum Ausdruck, in Haltung, Stimme, Mimik und Art des Vorgehens (schonend), hüllt den Patienten ein und prägt so schon dessen Erwartungsvorstellung von der Therapie, konstelliert schon hier die Neigung zur Überforderung, zur Mutterprojektion.

Hier kommt es selten zu Abbrüchen, am ehesten bei hysterischen und schizoiden Patienten, welche die dahinterliegende Schwäche erkennen und verachten, sich nicht genügend straff angefaßt fühlen oder sich scheuen, den Therapeuten zu verletzen. Das kann besonders problematisch werden, wenn der Patient solchen Therapeuten gegenüber seine Aggressionen nicht loswerden kann. Auch das Vertrauen in die eigenen Einfälle und Traumdeutungen ist leicht zu erschüttern, wenn der Patient sie ablehnt. Die Fälle gehen ihnen Tag und Nacht nach, sie grübeln, was sie hätten besser machen können. Aus der eigenen Struktur sehen diese Therapeuten oft zu schwer oder zu spät Chancen, wo der Patient fordern, zugreifen könnte, und sie arbeiten unbewußt mehr in der Richtung der Anpassung, des Hinnehmens und Verzichtens. Es kann aber auch das genaue Gegenteil auftreten, wenn der Therapeut dieses Typus in der unbewußten Identifikation mit dem Patienten »durch« diesen all das miterleben möchte, was ihm selbst versagt blieb oder nicht geglückt ist; dann kann auch er überfordern, ohne es zu realisieren.

Wie sich aus den Schilderungen ergibt, hat dieser Therapeut die meisten Schwierigkeiten mit hysterischen und schizoiden Patienten, vor allem durch seine überwertige Bereitschaft, hinzunehmen und zu verstehen. Depressiven Patienten gegenüber kann er versagen durch seine verwöhnenden Haltungen, die keine fruchtbaren Impulse setzen helfen und zu lange »nachholen« lassen; zwanghafte Patienten werden zu schwer ihre Aggressionen los gegenüber der Aufopferungsbereitschaft und Selbstlosigkeit des Therapeuten.

So sind die Keimsituationen dieses Therapeuten vor allem: seine große Einfühlungsgabe mit der Gefahr zu weitgehender Identifikation und des Verlustes an schöpferischer Distanz; seine mitfühlende Hilfsbereitschaft mit der Gefahr der Verwöhnung; seine geduldige Tragfähigkeit mit der Gefahr des Gewährenlassens und zu späten Forderns. Seine lockere Einstellung zur Methode bewahrt ihn einerseits vor den Fehlern zu strenger Prinzipien, kann aber anderseits zu der beschriebenen Verwöhnung werden, wo eine straffere Führung therapeutisch fruchtbarer wäre.

Die Therapeuten mit *schizoiden* Strukturanteilen sind vor allem leicht zu distanziert zu ihren Patienten. Wo der hysterische Therapeut sich selbst zu persönlich einläßt, der zwanghafte sich hinter die Methode stellt, der depressive sich zu sehr identifiziert, bleibt dieser Therapeut zu fern, zu kühl, zu abstrakt. Dadurch wird bei ihm, ähnlich wie beim zwanghaften, doch unabhängiger vom Methodischen, die Analyse zu intellektuell, er wehrt sich aus unbewußter Angst vor zuviel Nähe gegen die Übertragung, analysiert sie sofort auch da, wo sie erst einmal anwachsen sollte, was oft schon in der räumlichen Distanz zum Patienten zum Ausdruck kommt. Aus dieser Distanz neigt er oft zur Anwendung von Tricks oder Tests, die ihm das ersetzen sollen, was er in einfühlendem Nahkontakt erfahren könnte. Das macht viele Patienten mit Recht mißtrauisch; sie haben das Gefühl von technischer Routine oder Raffinement, von »Detektivhaltungen«, die es dem Patienten nun seinerseits erschweren oder unmöglich machen, sich locker und natürlich vertrauend zu geben, Kontakt zu bekommen. So kann es hier zu einer Analyse im gefühlsleeren Raum kommen bei meist ausgezeichnetem intellektuellem Verstehen. Es wird vieles gemeinsam begriffen, geklärt, aber es ändert sich wenig, weil Einsicht ohne emotionale Beteiligung (Übertragung) nicht »heilt«. Dabei werden Affekte des Patienten durchaus angenommen, auch Kritik, aber der Therapeut hat zu große Scheu vor positiver Zuwendung des Patienten und wehrt sie ab. Positive Zuwendung gleichgeschlechtlicher Patienten liest er z. B. zu leicht als Homosexualität, entwertet sie damit dem Patienten nicht nur, sondern kann auch unnötige Schuldgefühle setzen. Aus der eigenen emotionalen Kühle beurteilt er Gefühlswärmere leicht von sich aus und versteht sie nicht. Das zu frühe Bewußtmachen der Übertragung wird vom Patienten als nicht Angenommenwerden erlebt. Dazu besteht meist eine labile Ambivalenz vom Therapeuten zu Patienten wegen eigener Empfindlichkeiten, die oft überspielt werden in Form einer neutralen Indifferenz und Unverletzlichkeit, so daß für den Patienten der Therapeut in keiner Weise emotional erreichbar scheint. Dabei haben diese Therapeuten oft eine ausgezeichnete Intuition, sie erfassen Details und Verknüpfungen oft geradezu genial, aber es fehlen die emotional verbindenden Zwischenglieder, das mit dem Patienten gemeinsame Erleben. So kann der Patient diese intuitiven Sprünge nicht mitvollziehen, es besteht sogar die Gefahr, daß solche mitgeteilten, an sich richtigen, aber zu abstrakten Aperçus schaden können, weil sie nicht emotional gebunden sind und der Therapeut nicht übersieht, was er dadurch im anderen auslöst. Aus der eigenen Labilität und Grenznähe sieht dieser Therapeut Symptome oft zu bedrohlich, was vom Patienten gespürt werden kann. Anderseits hat er gerade wegen dieser Eigenschaften auch wieder eine besondere Verständnismöglichkeit für Grenzzustände und ist bereit, mit dem Patienten sich in gefährliche Abgründe zu begeben. So kann dieser Therapeut unbewußt chaotisierend wirken, wenn es ihm an der synthetisierenden Kraft des Liebesvermögens fehlt; so gut er gerade schwer Gefährdete verstehen kann, so schwer vermag er dann über das Verstehen hinaus zu helfen.

Die Schwierigkeiten sind Grundprobleme seines Wesens und werden ihm in ähnlicher Weise bei allen Patienten begegnen können; *bei depressiven Patienten* wird am ehesten deren Gefühlswärme nicht richtig angenommen, *bei Hysterikern* kommt es am leichtesten zur Abwehr der großen Übertragungsbereitschaft. Mit zwanghaften und schizoiden Patienten »kann« es dieser Typ am besten, mit der Einschränkung, daß dann die Neigung zu überwertiger Rationalität bei Patient und Therapeut besteht und die Analyse noch mehr in intellektuellen Bahnen verlaufen kann.

Die Keimsituationen dieses Therapeuten liegen also vor allem im Bewahren der Distanz, was sowohl eine fruchtbare Spannung setzen als auch ein Gefühl der emotionalen Unerreichbarkeit und Ferne im Patienten auslösen kann; im raschen intuitiven Erfassen von Zusammenhängen mit der Gefahr, aus der emotionalen Distanz Deutungen falsch zu »dosieren« und sie zeitlich nicht immer glücklich anzusetzen; in der Schärfe und Präzision der Erkenntnis, die nur getragen bleiben sollte vom gefühlsbedingten Miterleben.

Aus dem Gesagten wird wohl über die Lehranalyse hinaus die Notwendigkeit gründlicher Kontrollanalysen deutlich. In der eigenen praktischen Arbeit wird der Ausbildungskandidat mit ganz neuen menschlichen und fachlichen Problemen konfrontiert; er begegnet in der Praxis anderen, oft ich-fernen Strukturen. Hatte er bisher sich selbst und die eigene Lehranalyse als Maßstab, so erlebt er nun, daß in der Buntheit der Praxis immer wieder Probleme vorkommen, die er aus sich selbst und seiner Lehranalyse nicht kennt, und fühlt sich oft hilflos. Gerade in der Kontrollanalyse ist es darum so wichtig, die Eigenstruktur des Ausbildungskandidaten zu erkennen und ihm bewußt zu machen. Je mehr man als Kontrollanalytiker nur die Methode vertritt oder zu ausschließlich auf die Traumdeutung eingeht, um so weniger pflegt man die Strukturelemente des Ausbildungskandidaten zu sehen und ihm zeigen zu können. Es ist daher besonders wesentlich, genau zu erfragen, was im einzelnen gesehen, gesagt, getan worden ist, um gerade auch die möglichen Fehler, die in der Eigenstruktur des Ausbildungskandidaten liegen, aufzeigen zu können. Deshalb sind zumindest anfangs dichte Kontrollen anzuraten, die möglichst nicht mehr als zwei Behandlungsstunden umfassen sollten, damit der Ausbildungskandidat von Anfang an angehalten ist, dem Kontrollanalytiker und vor allem sich selbst Rechenschaft über sein therapeutisches Tun und seine therapeutische Wirkung zu geben.

Der wichtigste Lehrmeister bleibt aber die praktische Erfahrung, die wachsende Einsicht, das Erkennen der eigenen Grenzen und Schwierigkeiten. Der gute Therapeut ist nicht der, der seine Methode einseitig immer mehr zu verbessern sucht, sondern der, welcher seine Arbeitsweise elastisch und lebendig dem Patienten anzupassen versucht, immer bereit, von ihm hinzuzulernen, gerade auch, was seine eigene Wirkung im Anderen jenseits vom Technischen betrifft. Der Lösungsversuch in Richtung einer verbesserten Technik, die ihre nicht zu mindernden Werte und Vorzüge hat, sollte immer ergänzt bleiben von dem Bewußtsein der Vielfältigkeit des Lebendigen, der wir nur gerecht werden im Bemühen, über das Typische hinaus den Patienten in seiner Einmaligkeit zu verstehen und zu erfassen; dann werden wir es vermeiden können, die Grenzen unserer eigenen Persönlichkeit zur Norm zu machen, und werden in der Lage sein, über diese Grenzen hinauszuwachsen.

Die Struktur des Analytikers und ihr Einfluß auf den Behandlungsverlauf (1964)*

Wir sind es im allgemeinen gewohnt, den Analytiker selbst als individuellen Faktor weitgehend von unserer Betrachtung auszuschließen, wenn wir über analytische Behandlungen und Behandlungsverläufe etwas aussagen. Wir verhalten uns meist so, als ob die Persönlichkeit des Analytikers und ihre Eigenstruktur im therapeutischen Geschehen gleichsam etwas zu Vernachlässigendes sei. Wir glauben das aus zwei Gründen tun zu können: einmal, weil die Auffassung des Analytikers als eines objektiven Spiegels gegenüber den Übertragungsvorgängen und Wiederholungszwängen des Patienten in uns lebendig ist, und zweitens, weil wir die Vorstellung haben, daß die Lehranalyse den Analytiker so weit von neurotischen Reaktionen und störender Eigenproblematik befreit habe, daß seine Eigenstruktur keine nennenswerte Rolle mehr spiele.

Wenn wir den Analytiker dennoch als Person einbeziehen in unsere Betrachtungen, so geschieht es unter dem Aspekt der Gegenübertragung, welche in der Entwicklung der Psychoanalyse relativ spät entdeckt wurde. Man nimmt die Gegenübertragung heute zwar gewichtig, aber immer nur unter

* Vortrag auf dem Internationalen Kongreß für Psychoanalyse und ihre Weiterentwicklung, Düsseldorf, September 1961

dem Aspekt einer vorschwebenden »objektiv richtigen« Technik, welche durch die Gegenübertragung gestört wird in der Form persönlich-affektiver Reaktionen des Analytikers auf den Patienten, auf die analytische Situation und auf die Übertragung des Patienten. Man schränkt also die Bedeutung der Eigenstruktur des Analytikers auf die Gegenübertragung ein, auf das Abweichen von der richtigen, der gleichsam idealen Technik, und versucht nun konsequenterweise, das Umgehen mit der Gegenübertragung, ihre Handhabung in technische Regeln zu fassen.

Meine Ausführungen wollen vor allem dem gegenüber herausstellen, daß jenseits von Gegenübertragung im nur technischen Sinne, sowie jenseits der durch die eigene Lehranalyse erreichten Lösung eigener Problematik jeder Mensch – auch der bestanalysierte Analytiker – Struktureigentümlichkeiten aufweist, die nicht wegzuanalysieren sind, auch wenn jemand noch so »durchanalysiert« wird. Wir haben eine Eigenstruktur, die zu uns gehört, eine »persönliche Gleichung«, einen individuellen »Faktor X«, den wegzuleugnen einer Verdrängung gleichkäme.

Das ist eigentlich selbstverständlich. Gemäß ihrer Herkunft von der naturwissenschaftlichen Medizin schwebte aber der Psychoanalyse das Ideal einer objektiven Methode und Technik vor, die letztlich unabhängig vom jeweiligen Analytiker sein sollte und bei jedem Anderen, der mit der gleichen Methode arbeitete, ähnlich verlaufen und zu ähnlichen Resultaten führen würde. Das ließe den Therapeuten letztlich als austauschbar erscheinen, weil die lehrbare und erlernbare Methode und Technik ihn als individuellen und damit variablen Faktor aufheben würde. Demgegenüber hat es schon immer – und es scheint zunehmend der Fall zu sein – eine andere Auffassung gegeben, wonach der therapeutische Prozeß ein »dialogisches Geschehen« zwischen Patient und Analytiker ist, das nicht wiederholbar oder austauschbar ist, weil es ein Geschehen ist zwischen zwei ganz bestimmten Menschen: *diesem* Patienten und *diesem* Analytiker. Hier wird also der Akzent gelegt auf ein Geschehen, das den Therapeuten *und* den Patienten wechselseitig erfaßt, konstelliert und beeinflußt in einer einmaligen und besonderen Weise.

Es geht hier nun nicht darum, welche Auffassung die richtige oder richtigere ist, sondern ich habe damit zwei Extremeinstellungen gekennzeichnet, die jede für sich einen richtigen Teilaspekt aufweisen, aber für sich allein einseitig bleiben. Historisch gesehen ist es verständlich, daß die Psychoanalyse um eine solche objektive, das Individuum ausklammern wollende Methode bemüht war: Neben der schon erwähnten Herkunft von der naturwissenschaftlichen Medizin mußte sie als junge Wissenschaft zunächst überzeugen durch Stabilität und Sicherheit ihrer forscherischen Aussagen. Wenn man sich weiter erinnert, wie sehr die Psychoanalyse in ihren Anfängen bekämpft, angezweifelt und angegriffen wurde, ist es uns verständlich, daß die Pioniere der Psychoanalyse Züge der Psychologie einer Minderheit entwickelten: Isoliert und angefeindet, wie sie es in den ersten Jahrzehnten ihrer Tätigkeit waren, mußten sie durch immer schärferes Herausarbeiten ihrer Methode und Funde überzeugen und zugleich durch Festhalten an ihrer Methode sich abgrenzen von anderen Auffassungen und Methoden, mit denen man zu anderen Resultaten kam. So eigneten der Psychoanalyse in ihren Anfängen aus der historischen Situation heraus – wenn ich so sagen kann – gewisse zwanghafte Züge: im Versuchen, immer absoluter und perfektionistischer eine objektiv richtige Technik zu entwickeln, weil erst eine solche das Wiederfinden der gleichen Forschungsergebnisse garantierte bzw. bestätigte – welche Ergebnisse ja sofort unsicher wurden und anders aussahen, wenn man sich abweichender Methoden bediente. So halten und bedingen sich die technische Methode und die durch sie gemachten Erfahrungen gegenseitig – und hierin ist wohl der

Ansatz zu allen orthodoxen Einstellungen zu suchen. Was aber in den Anfängen der Psychoanalyse Notwendigkeit war: das strenge Festhalten an der neuen Theorie und Technik – ist es heute nicht mehr in gleichem Maße. Das Wesentliche der psychoanalytischen Erkenntnisse und Methoden ist in sich gefestigt und vieles davon ist inzwischen Allgemeingut geworden, und die früher notwendige Abgrenzung und gleichsam Sektenhaftigkeit, Exklusivität ist heute nicht nur in diesem Sinne überflüssig, sondern kann die lebendige Weiterentwicklung hemmen.

Dazu kommt, daß sich seit den Anfängen der Psychoanalyse unsere Welt erheblich verändert hat; politisch, sozial und familiär haben sich die beiden Weltkriege ausgewirkt und im Zusammenhang damit sind die jungen Generationen anders strukturiert als die früheren. Die patriarchale Ordnung ist bei uns in der Auflösung begriffen und das hat es mit sich gebracht, daß die Verdrängungsneurosen, welche die Antwort auf die Auswüchse autoritär-patriarchaler staatlicher, kirchlicher und familiärer Ordnung waren, also die klassische Hysterie und Zwangsneurose –, daß diese Neurosen mit der Auflokkerung jener Ordnungen zurückzutreten scheinen. Dagegen haben zugenommen die von *Freud* als narzißtische Neurosen bezeichneten Formen der depressiven und schizoiden Neurosen, die wir als Antwort verstehen können auf die neue Realität, auf gehäufte extreme Kindheitsschicksale, auseinandergerissene Familien, Verlust der Heimat und von Bindungen im weitesten Sinne, wozu ein chronisch gewordenes Bedrohtheitsgefühl kommt, welches in großer Breite das Gefühl der Ungeborgenheit in der Welt vermittelt. Alles wird als labiler und unzuverlässiger erlebt als etwa um die Jahrhundertwende.

Erfahrungsgemäß kommen wir mit der alten klassischen Technik bei diesen Neurosen nicht aus. Diese Kranken suchen auch im Analytiker nicht mehr nur eine Autorität und haben wenig Bereitschaft, sich einer unpersönlichen Methode der

Behandlung anzuvertrauen – sie wollen und brauchen im Analytiker mehr einen Partner. Denn es geht bei ihnen weniger um Übertragungswiederholungen allein – diese würden sie nur immer wieder in frühe Verzweiflungen und katastrophale Erlebnisse führen – als um ein Nachholen bzw. erstmaliges Entwickeln von Wesensmöglichkeiten, die von früh an bei ihnen verschüttet oder nicht angesprochen wurden. Bei ihnen ist es keineswegs gleichgültig, wer der Gegenspieler im analytischen Prozeß ist. Diese Kranken zwingen uns zu persönlicher Stellungnahme, zur Auseinandersetzung; sie wollen und müssen an und mit uns Vieles nachholen, erstmals erleben und erfahren, um ihre frühen Erlebnislücken aufzufüllen, und das fordert uns als Therapeuten in weit größerem Maße. An diesen Punkten der Stellungnahme müssen wir *wir selbst* sein und nicht nur unpersönlich reflektierender Spiegel – denn ein solcher ließe den Patienten ja nicht herauskommen aus seinen neurotischen patterns. Die Neuartigkeit unserer Antworten und Reaktionen auf die Verhaltensweisen dieser Patienten ist therapeutisch das Entscheidende, und dafür gibt es keine allgemein gültigen Regeln einer »richtigen Technik«.

Das hat dazu geführt, daß wir uns mehr und mehr als Person gefordert fühlen im therapeutischen Prozeß und uns weniger auf die Technik verlassen können, wenn wir helfen wollen. Die gewisse Hybris des »alles schon im voraus Wissens«, die eine gekonnte Technik und Methode mit sich zu bringen pflegt und die oft genug mit nicht verarbeiteten Allmachtsvorstellungen des Analytikers zu tun hat, läßt uns hier früher scheitern, und wir erkennen, daß wir für diese Patienten vielmehr Partner sein müssen, als eine ferne Autorität oder Vertreter einer scheinbar überpersönlichen Lehre oder Methode, die oft mehr Schutz für den Analytiker bedeutet und zum Selbstzweck wird.

Damit bekommt aber unsere Person, unsere Eigenstruktur

ein ganz neues Gewicht für den Behandlungsverlauf, und es entstehen neue Probleme und Fehlerquellen. Außer in der Beachtung der Gegenübertragung sind wir es zu wenig gewohnt, uns selbst als einen Faktor im analytischen Geschehen anzusehen, von dessen persönlichen Reaktionen und Verhaltensweisen der gesamte Behandlungsverlauf mitbeeinflußt wird. Vor allem trifft dies natürlich zu für die Lernenden, die Lehranalysanden, die ja zunächst nur die Erfahrungen aus der eigenen Analyse und am eigenen Lehranalytiker zur Verfügung haben und mit diesen nun auf ganze andere Persönlichkeitsstrukturen treffen, die sie behandeln sollen. So wollen meine Ausführungen dazu beitragen, die Struktureigentümlichkeiten in uns selbst besser zu erkennen und die in ihnen liegenden möglichen Fehlerquellen, die mit der Gegenübertragung allein nicht erfaßt werden, weil es sich bei ihnen nicht nur um ein technisches Problem handelt, sondern um etwas unserer Eigen-Art Zugehöriges. Diese unsere Eigenstruktur führt dazu, daß wir unbewußt den analytischen Prozeß steuern und beeinflussen, was sich äußert in unbewußten Verhaltensweisen, in Stellungnahme und Auswahl in bezug auf das vom Patienten Gebrachte, in Akzentsetzungen – also in Verhaltensweisen, die uns, weil zu unserem Wesen gehörend, so selbstverständlich sind, daß wir sie schwer zu erkennen vermögen.

Wenn wir die vier großen Neuroseformen als Zerrformen allgemeinmenschlicher Grundhaltungen ansehen, können wir erwarten, daß wir selbst auch mehr oder weniger betont zu einer dieser Grundhaltungen oder Typen neigen, die nicht mehr als neurotisch zu bezeichnen wären, sondern als Spielarten menschlicher Verhaltensweisen, menschlichen Daseins überhaupt. Der Einfachheit halber will ich im folgenden die jeweiligen Struktureigentümlichkeiten und typischen Verhaltensweisen der vier Analytiker-Typen mit den von den Neuroseformen übernommenen Namen benennen und also von

Analytikern mit hysterischen, zwanghaften, depressiven und schizoiden Strukturanteilen sprechen und von den ihnen auf Grund dieser Typenzugehörigkeit naheliegenden Fehlerquellen. Es bleibt natürlich jedem vorbehalten und anheimgestellt, sich für so gut analysiert zu halten, daß er über diesen Struktureigentümlichkeiten steht in seinen eigenen Augen. Wer solchen Anspruch nicht stellt, wird vielleicht in meinen Ausführungen hier und da eigene Probleme angesprochen finden; sicher aber die Schüler und Lernenden, denen dafür gewisse Hinweise zu geben ein besonderes Anliegen dieser Arbeit ist. Es liegt in der Natur der Sache, daß ich dabei nur allgemeine Linien andeuten kann; aber ich meine, sie seien wichtig genug, um einmal dargestellt zu werden.

Die historischen und persönlichen Entstehungsbedingungen der Psychoanalyse haben also zu einem Lehrgebäude geführt, das in mancher Hinsicht zwanghafte Züge trägt: z. B. perfektionistische Züge im Aufstellen technischer Regeln und der Ausbildungsbedingungen, das Betonen kausalgenetischer Zusammenhänge und des deterministischen Wiederholungszwanges im Seelenleben, angestrebte objektive Unpersönlichkeit und Autorität des Analytikers, Intoleranz gegen Abweichungen von der Lehre. Verständlicherweise entsprach dieses Lehrgebäude in seiner festen Tradition vor allem Persönlichkeiten mit zwanghaften Strukturanteilen, die in ihm die Sicherheit fanden, die sie suchten. Damit komme ich zum ersten Typ von Analytikern, dem mit zwanghaften Strukturanteilen im oben erwähnten Sinne, denn Analytiker dieses Typs sind u. a. gekennzeichnet durch ein Bedürfnis nach Sicherheit, nach Tradition; ihr Grundbedürfnis ist, schon Vertrautes wiederzufinden, bestätigt zu finden, daß es »stimmt«, und nun das Überlieferte, Erprobte auszudifferenzieren, zu verfeinern, zu vervollkommnen.

Wenn man zu diesem Typ gehört, neigt man stärker als andere dazu, die Methode, die Technik, Regeln und Prinzipien zu vertreten, oft zu starr zu vertreten und sich hinter ihnen zu sichern. Der Therapeut dieser Struktur glaubt an die Methode und hat gleichsam sein Über-Ich in sie verlegt, reagiert daher mit Angst und Schuldgefühlen, wenn er von ihr abweicht, bzw. wenn Situationen auftreten, die »nicht im Lehrbuch stehen« und vor denen er sich dann leicht hilflos fühlt. Er bekämpft Abweichungen von der Lehre bei anderen, weil sie ihm seine Sicherheit zu nehmen drohen. Hier liegt seine Gefahr zu dogmatischer Intoleranz, die er vor sich selbst meist verschleiert als Kampf gegen die »Verwässerung der Lehre«, wobei die Grenze, wie weit der Einzelne bereit ist, auch fruchtbare neue Gedanken aufzunehmen oder aber sie als »Verwässerung« anzusehen, Sache der persönlichen Weite ist. Da er an das Gelernte glaubt, kommt er am ehesten in die Gefahr jener wissenschaftlichen Hybris, des Alles-schon-im-Voraus-Wissens, und so kann er u. U. bewußt oder unbewußt den Patienten dorthin steuern, wohin er ihn haben will – nämlich zur erneuten Bestätigung der Theorie. So ist er weniger Überraschungen geöffnet; es ist ihm wichtiger, daß das einmal Gelernte immer wieder »stimmt«. Man soll es nicht unterschätzen, welchen Einfluß solche Haltungen auf den analytischen Prozeß haben und wie man damit immer wieder zu den gewünschten Bestätigungen kommt, weil man gezielt darauf hin arbeitet oder weil sie einem zumindest immer vorschweben. So kann es hier dazu kommen, daß die Methode dem Patienten gegenüber immer recht hat, was bei Abbrüchen der Behandlung durch den Patienten oft in der Formulierung zum Ausdruck kommt, daß der Grund dafür in der mangelnden Eignung oder im Widerstand des Patienten liege. Wenn *Freud* einmal vom »sterilen chirurgischen Operationsfeld« spricht, in das die »Familienmitglieder sich hineinzuspucken erlauben« und gesteht, daß er betreffs der Behandlung der Angehörigen des Patienten ratlos sei, wird die zwanghafte und künstliche, an ein Laboratorium erinnernde

Atmosphäre der Behandlung drastisch genug dargestellt.

Besonders deutlich werden – neben Unterschieden schon in der Diagnosestellung – die persönlichen Strukturfaktoren eines Analytikers immer in der Vorbesprechung und Einleitung der Behandlung. Einmal, weil die Erstbegegnung mit einem Patienten im Sitzen stattfindet und man sich noch nicht hinter die analytische Situation zurückziehen kann und daher auch für den Patienten mehr Person ist als später, wenn man unsichtbar hinter ihm sitzt; dann aber auch, weil der analytische Prozeß erst in Gang zu bringen, der Patient in die Analyse zu bekommen ist, was eine besondere Kunst ist und größere Elastizität und Plastizität voraussetzt, als wenn die Analyse einmal in Gang ist. *Freud* selbst hat – hierin sehr lebendig und undogmatisch – in seinen uns überlieferten Krankengeschichten offenbar verschiedene Analysen verschieden eröffnet (sein Vergleich mit dem Schachspiel), so daß man sich nicht auf ihn berufen kann, wenn man *eine* Art der Eröffnung bevorzugt. Hier ganz am Anfang der Behandlung werden also individuelle Unterschiede besonders deutlich, was vor allem auch deshalb so wichtig ist, weil der Patient hier schon Eindrücke vom Analytiker bekommt, die seine bewußte und unbewußte Einstellung, Erwartung und eventuelle Widerstände mitbestimmen und damit in großer Breite auch den weiteren Verlauf der Analyse mittönen.

Der Therapeut vom zwanghaften Typ neigt oft zu einem klinischen Anamnesenschema, im Extrem mit gezieltem Abfragen stereotyper Fragen und einem Bedürfnis nach Vollständigkeit dabei; er ist betonter diagnostisch-prognostisch interessiert und grenzt gern die Vorbesprechung – auch eine verlängerte – streng vom eigentlichen Behandlungsbeginn ab. Er bespricht sehr genau den »Vertrag«, besonders auch die finanzielle Seite – der Patient soll genau wissen und darüber informiert sein, was von ihm erwartet wird, worin die Methode besteht – was für den Analytiker u. a. eine Rückversicherung bedeutet, indem er später immer auf die Vorbesprechung zurückgreifen kann. Er neigt auch zur Auswahl »geeigneter« Patienten, geeignet für seine Methode, so daß es bei ihm meist zu einer gewissen »Auslese« von Patienten kommt.

Patienten von verschiedener Struktur pflegen darauf verschieden zu reagieren. Hysterische Patienten bekommen leicht das Gefühl, in ein Schema einregistriert zu werden. Damit kann sich bei ihnen schon eine herausfordernde und rebellische Haltung einfahren, die dann als Widerstand – der z. T. als iatrogen anzusehen wäre – die Analyse erschweren kann, wodurch dann der Widerstandsanalyse ein großes Gewicht beigelegt werden muß. Zwanghafte Patienten fühlen sich meist angesprochen und gut aufgehoben und in ihrem eigenen Bedürfnis nach sachlicher Gründlichkeit bestätigt. Depressive Patienten fühlen sich eher entmutigt; der Analytiker wird durch sein Verhalten von vornherein zum Über-Ich für sie; sie wagen wegen der sachlichen Distanz sich mit ihren Gefühlen nicht heraus, mit ihrer Verzweiflung, die ihrem Eindruck nach nicht erwünscht ist, da offenbar solche sachlichen Fragen wichtiger sind. Schizoide Patienten bekommen oft Angst, ihre Aussagen würden »zu den Akten genommen«; sie fühlen sich durch Fragen oft bedrängt und durch die eigenen Antworten ausgeliefert bis zu quasi paranoiden Vorstellungen, sich dem Andern damit in die Hand zu geben, was bereits hier eine feindselige und mißtrauische Grundeinstellung evtl. unnötig verstärken kann.

Bei den Träumen pflegen die Analytiker mit zwanghaften Strukturanteilen die Objektstufe zu bevorzugen als das eigentlich »Reale«, wirklich Geschehene und als Spiegelung der wirklichen Bezugspersonen, und sie betonen oft das kausalgenetische Moment überwertig. Sie lassen Detaileinfälle bringen, möchten kein Detail des Traumes auslassen, gehen systematisch vor und können in den Zweifel kommen, ob die Assoziationen des Patienten nun wirklich freie Einfälle sind oder aber Widerstand und Ausweichen. Sie hängen stärker an allem, was eine Stütze in der Traumdeutung sein kann: an feststehenden Symbolen etwa – wie sie auch überwertig dazu neigen können, »hinter« jeder Traumfigur letztlich die Urbeziehungsfigur erkennen zu wollen oder alles auf der Übertragungsebene zu lesen, wie eben bei ihnen alles leicht zum Prinzip wird. Sie vernachlässigen eher die Subjektstufendeutung, und es kann bei ihnen zu einer etwas verkrampften Deutungsweise kommen, die der Patient bald erkennt und je nach seiner Struktur ironisch, skeptisch oder gefügig beantwortet. *M. Boß* hat uns in seinem Traumbuch* ein Beispiel dafür gegeben, wie selbst *Freud* seiner Traumtheorie zuliebe den Traumtext einer Patientin abänderte (Traum vom überfahrenen Kind). Natürlich ist hier Tür und Tor geöffnet für alles »Besserwissen« des Analytikers dem Patienten gegenüber mit allen darin liegenden Gefahren. Man kann dann in solchen Krankengeschichten etwa lesen, daß der Patient erst spät die Deutung des Analytikers annahm – wobei dann meist nicht erwähnt wird, ob das nun beim Patient wirklich Überzeugung war oder endliches gefügiges Nachgeben. Dem prospektiven Aspekt des Traumes mißtraut dieser Analytikertyp eher, hält ihn u. U. für gefährlich auch da, wo er wichtig und richtig sein kann.

Das Überbewerten des kausalgenetischen Aspektes scheint mir auch deutlich zu werden in einem von *Nunberg* in der neuen Auflage seiner Neurosenlehre angeführten Traum. Eine Patientin von ihm träumt, daß sie ein neugeborenes Kind badet. Als Einfall bringt sie, daß ihre beste Freundin ein Kind bekommen hat und daß das ihren eigenen Wunsch nach

---

* *Boss, M.*, Der Traum und seine Auslegung. Verlag Hans Huber, Bern und Stuttgart 1953

einem Kinde wiederbelebte. *Nunberg** sagt dazu wörtlich: »In der Zeit, die ihrem Traum voranging, sehnte sie sich nach einem Kind von ihrem Manne. Was sie aber nicht wußte, war, daß er im Unbewußten für sie ein Ersatz ihres Vaters war und daß ihr Wunsch nach einem Kinde aus der Kindheit stammte.« Das wird durch keine Einfälle der Patientin belegt und man kann nur staunen, wie gut *Nunberg* das Unbewußte dieser Patientin kannte bzw. sieht hier deutlich die Gefahr theoretischer Vorurteile. Ist einmal der Weg dafür gebahnt, daß alles zurückgeführt wird auf die Genese, wird das leicht zur nicht mehr genügend überprüften Schablone, die weder zu belegen noch zu widerlegen ist. Der Analytiker weiß dann immer schon alles, und das kann zu einer recht unerfreulichen Sterilität, einem Schematismus werden, der noch zu späten Abbrüchen in einer Behandlung führen kann und darüber hinaus dem Patienten schaden, weil er so zum gefügigen Objekt gemacht wird. Warum sollte eine verheiratete Frau, deren beste Freundin ein Kind bekommt und die sich selbst eins wünscht, nicht davon träumen dürfen, ohne daß der Theorie zuliebe der Ödipuskomplex um jeden Preis mit hereingenommen werden muß? Geht man so vor, versteht man allerdings, warum bei den orthodoxen Analytikern aller Schulen die Patienten theoriegerecht träumen bzw. warum die Theorie bei ihnen immer wieder stimmt.

Im Umgehen mit der Zeit und der Honorarfrage zeigen sich auch oft besonders deutlich struktureigene Züge des Analytikers. Der Typ mit zwanghaften Zügen nimmt es mit der Zeit sehr genau; er hält nicht nur eisern an möglichst 5 wöchentlichen regelmäßigen Sitzungen fest sowie auch am Liegen des Patienten – wie überhaupt alles bei ihm leicht zum Ritus, zum Zeremoniell wird – er sieht auch schon in kleinen

---

* *Nunberg, H.*, Allgemeine Neurosenlehre. Verlag Hans Huber, Bern und Stuttgart 1959

Verspätungen des Patienten ein Symptom – gleichsam prinzipiell. Durch das regelmäßige und gründliche Darauf-eingehen – wie auch auf Haltungsänderungen des Patienten in der Stunde, was durchaus seinen richtigen Stellenwert haben kann – ergibt sich aber oft der Nachteil, daß nun erst das Zuspätkommen des Patienten von diesem »libidinisiert« wird und damit ein sekundäres Gestüztwerden des Symptoms eintreten kann wie bei jedem Symptom, dem man seine Aufmerksamkeit zuwendet, weil man es beobachten oder vermeiden will. So wird bei ihm die Widerstandsanalyse überhaupt betont, weil er durch seine Methode und sein Verhalten unbewußt mehr Widerstände setzt und in die Gefahr kommen kann, im Analysieren und Bekämpfen des Widerstandes diesen zu verstärken.

Was das Honorar anlangt, ist er von allen Analytikertypen hier wohl der Realistischste; er fragt genau nach der finanziellen Situation des Patienten und richtet sein Honorar danach aus, trägt auch Änderungen der wirtschaftlichen Lage des Patienten Rechnung und analysiert Zahlungsschwierigkeiten sachgemäß. Die Vorstellung von der Notwendigkeit des finanziellen Opfers des Patienten scheint ihm in jedem Falle richtig zu sein.

So ist der Analytiker mit zwanghaften Zügen immer in der Gefahr, im Sinne seines Perfektionismus zu weit zu gehen, des Guten zu viel zu tun und zu schaden, indem er etwas zu absolut erreichen möchte. Wenn Geologen eine Versteinerung mit dem Hammer aus dem umgebenden Gestein lösen wollen, pflegen sie sich den paradoxen Rat zu geben, man solle nie den letzten Schlag tun – weil der erfahrungsgemäß oft zuviel wegschlägt und das Petrefakt verletzt. Das heißt, daß man nie genau weiß, wann man aufhören und den letzten Schlag machen soll und daß ein Schlag zuviel alles zerstören kann – zuviel Perfektionismus kann mit andern Worten schädlich sein und weniger wäre dann mehr gewesen. So fällt es diesem Typ auch schwer, die Analyse zu beenden — immer ist noch etwas zu analysieren und er erhofft von ihrer Länge und Gründlichkeit mehr als von der lebendigen Weiterentwicklungstendenz des Patienten, so daß wir bei ihm mit die längsten Analysen finden sowie den Glauben an die »Durchanalysierbarkeit« eines Patienten oder Lehranalysanden.

Kommen wir nun zum Gegentyp, dem Analytiker mit hysterischen Zügen. Er bringt eine anlagemäßige Lebendigkeit und größere Farbigkeit und Spontaneität mit. Er ist kontaktfreudiger aber auch naiv-narzißtischer und leichter ungeduldig; er nimmt mehr und unmittelbarer persönlich Stellung, wie er überhaupt mit einer gewissen Souveränität sich das Recht nimmt, von der Methode abzuweichen, wenn es ihm nötig erscheint.

Er hat ein besonderes Talent, etwas in Gang zu bringen, und ist vergleichsweise aktiver als andere Analytiker — aktiver im Deuten, Auf- und Eingreifen in den analytischen Prozeß. Er intensiviert gern die Übertragungsvorgänge und -abläufe, ist mit der eigenen Gegenübertragung nicht so vorsichtig und hält sie eher für fruchtbar, weil Auseinandersetzungen provozierend und den Patienten »stellend«, aber auch, weil er es seinem eigenen Wesen nach als unangemessen empfindet, zu lang abzuwarten und geschehen zu lassen. Er fordert den Patienten gern heraus. Ihm liegt daran, ein dynamisches Gefälle zu schaffen, und so pflegt bei ihm der analytische Prozeß affektnäher, lebendiger und oft dramatischer abzulaufen. Er bleibt in der Analyse mehr an der aktuellen Realität und meint, daß man an und in ihr genügend Vergangenheit mit in die Analyse bekommt, wobei u. U. die Genese etwas zu kurz kommen kann.

Gehört man zu diesem Typus, ist man u. a. empfindlicher gegen Kritik des Patienten, nimmt sie leichter persönlich auch da, wo sie Übertragung ist, und gerät dann in Gegenübertragung, wie man überhaupt auch selbst in gewisser Breite zum

Agieren neigt, sich zu sehr persönlich einbeziehen läßt und sich öfter dann nicht streng analytisch verhält. Seine Gefahr ist wohl vor allem die einer gewissen Willkür; er arbeitet gern mit Überraschungseffekten, ändert seine Technik plötzlich, verhält sich ungleichmäßiger und variabler als der vorbeschriebene Typus etwa, so daß er für den Patienten schwerer zu durchschauen ist und dieser immer in einer gewissen Spannung gehalten wird.

Er neigt weniger dazu, die Vorbesprechung vom Beginn der eigentlichen Analyse abzusetzen – beides pflegt bei ihm mehr fließend ineinander überzugehen. Er hat mehr die Neigung, den Patienten durch dessen eigenes Erleben in den analytischen Prozeß zu bekommen, als von vornherein einen gründlichen Vertrag zu machen und sich so festzulegen. Ihm liegt auch weniger daran, gleich zu Anfang möglichst bestimmte diagnostisch-prognostische Vorstellungen zu haben, weil er sie als zu sehr einengend empfindet und weiß, daß sich die Diagnose oft während der Behandlung verschiebt und in verschiedenen Phasen der Analyse verschieden aussehen kann, und auch, weil er um die Gefahr festlegender Diagnosen weiß, die zu sehr im Typischen steckenbleiben können. In der Erstbesprechung und Einleitung der Behandlung ist dieser Typus meist werbender, versucht Kontakt herzustellen und wohl auch – bewußt oder unbewußt – den Patienten zu beeindrucken, auf ihn zu wirken, um ein positives Übertragungsgefälle herzustellen, das er wohl mehr braucht als andere Analytiker. Er zeigt auch eher eigene Gefühlsanteilnahme an dem, was der Patient in der ersten Stunde berichtet, »geht mit« oder versucht, den Patienten aus sich herauszulocken.

Hysterische Patienten reagieren darauf i. a. sympathisch berührt und beginnen die Arbeit mit großen Erwartungsvorstellungen, evtl. Sensationserwartungen, gerade wohl auch, weil Vorbesprechung und Anamneseerhebung locker geführt wurden. Zwanghafte Patienten bekommen ihr Bedürfnis nach

Klarheit und Sicherheit nicht genügend befriedigt, empfinden manche sehr direkten Fragestellungen als peinlich und aufdringlich oder kommen u. U. selbst nicht genug zu Wort, weil der Analytiker zu aktiv oder zu schnell fragt nach dem, was ihn selbst interessiert oder ihm selbst wichtig erscheint. Depressive Patienten empfinden die spürbare emotionale Zuwendung und aktive Lebendigkeit dankbar und neigen oft von Anfang an dazu, den Analytiker zu überschätzen und zuviel von ihm zu erwarten – wohl auch deswegen, weil seine Aktivität und sein Zupacken ihnen zuviel abnimmt. Schizoide Patienten reagieren eher mißtrauisch. Der Analytiker ist ihnen nicht sachlich genug, sie erkennen seine werbenden Bemühungen und das Beeindruckenwollen und beginnen bereits hier, den Analytiker innerlich zu analysieren und sich zu fragen, wie weit er echt ist oder eine routinierte Rolle spielt.

Bei den Analytikern mit hysterischen Zügen kommt es am ehesten zu der schon von *Ferenczi* beschriebenen Zeit der ersten »Flitterwochen«, wo alles erstaunlich gut läuft, Patient und Analytiker in bestem Einvernehmen sind, Übertragung und Gegenübertragung positiv sind, eine Menge in Gang kommt – bis dann die ersten Krisen und Widerstände auftauchen. Dann neigt dieser Typus leicht dazu, enttäuscht zu sein und auch für den Patienten spürbar enttäuscht zu reagieren, was sich nur in einem leise veränderten Tonfall oder Verhalten zu äußern braucht, das ihm selbst gar nicht bewußt ist. Schon Stockungen im analytischen Prozeß können solche Enttäuschungen beim Analytiker auslösen, aber natürlich auch negative Übertragungen, Kritik, Rückfälle, bei welchen dieser Typus vergleichsweise leichter die Geduld verliert.

In der Behandlung der Träume bevorzugt er gern die Deutung auf der Subjektstufe sowie den prospektiven Aspekt und muß aufpassen, diesen nicht zu überbewerten und damit im Patienten evtl. falsche Erwartungsvorstellungen zu erwecken entweder im Sinne eines allgemein zu großen Optimismus oder auch magischer Selbstheilungserwartung durch die Träume. Unbewußt wird dieser Typus überhaupt dazu neigen, positive Aspekte zu unterstützen und evtl. zu hoch einzuschätzen, so daß es bei ihm vergleichsweise leichter – für ihn selbst wie für den Patienten – zu enttäuschten Erwartungen kommen kann. Allein durch sein Verhalten kann er zu große Erwartungen erwecken, ohne sich dessen bewußt zu sein. Er neigt i. a. eher dazu, mit wenigen Stunden auszukommen, mit der Dichte abzuwechseln, auch mit Liegen oder Sitzen des Patienten abzuwechseln, wenn es ihm angemessen erscheint. Im Umgang mit den Träumen kommt es bei ihm auch leichter zu einer gewissen Willkür insofern, als er die Teile herausgreift, die ihn besonders interessieren oder ihm liegen, andere vernachlässigend und so eine zu subjektive Auswahl treffend.

Das Zu-spät-kommen des Patienten wird von ihm leicht zu persönlich genommen – wie eine narzißtische Kränkung. Auch wenn er es sachgemäß aufgreift, tönt leicht etwas von Gekränktheit durch, etwa in einem etwas »spitzen Tonfall«, dem Patienten spürbar, was nun wieder je nach dessen Struktur verschieden beantwortet wird. Bei Analytikern mit hysterischen Zügen kommt es am leichtesten dazu, daß der Patient gleichsam den Spieß umdreht und den Analytiker analysiert, weil sie sich leichter Blößen geben. Das schadet an sich nichts, wenn man sich der Kritik des Patienten dann stellt. Oft neigt man aber auch dazu, das Zu-spät-kommen und sonstige Unterlassungssünden des Patienten zu wenig zu beachten, zu bagatellisieren, was im Extremfalle zu einem gewissen »Schlendrian« werden kann in der Führung der Analyse. Honorarmäßig überfordert dieser Typus leicht, z. T. aus narzißtischen Gründen oder aus der – nicht immer richtigen – Vorstellung, daß die Höhe des Honorars Ausdruck der Qualität des Analytikers sei. Sein Hauptproblem ist, gleichsam aus der analytischen Haltung zu fallen, impulsiv zu reagieren und dadurch in Schwierigkeiten zu kommen.

Patienten mit hysterischer Struktur liegen ihm i. a. am meisten; bei zwanghaften fehlt ihm öfter der lange Atem und die Geduld zur Kleinarbeit, sie können ihn evtl. langweilen, während er bei hysterischen zu leicht sich im Patienten schont. Depressive Patienten überfordert er unbewußt leicht und kann ihr Verhalten als hysterisch mißverstehen; schizoiden Patienten gegenüber kann er durch seine Lebendigkeit und Unmittelbarkeit erfolgreich sein, hat aber u. U. Schwierigkeiten mit der oft sehr schroffen und verletzenden Kritik solcher Patienten. Im allgemeinen wird der Analytiker mit hysterischen Strukturanteilen weniger zu endlosen Analysen neigen; er ist eher geneigt – da er weniger an einen Perfektionismus glaubt und stagnierende Analysen ihn langweilen – Patienten früher zu entlassen, manchmal zu früh, mehr Vertrauen zu haben in eigne Entwicklungstendenzen des Patienten; er bevorzugt wohl auch die fraktionierte Analyse, Unterbrechungen der Behandlung, »schöpferische Pausen«, die ja manchmal wirklich fruchtbar sind und Restprobleme sich klarer konstellieren lassen.

Analytiker mit depressiven Einschlägen bringen eine große Hilfsbereitschaft, Geduld und Einfühlung mit; sie setzen sich ungemein ein, sind tragfähig und der Patient fühlt sich bei ihnen »aufgehoben«. Ihre Gefahr liegt vor allem darin, daß sie dem Patienten zu nahe kommen und die schöpferische Distanz schwer einhalten können durch zuviel Identifizierung. Dadurch lassen sie sich unbewußt leicht vom Patienten überfordern, was im Extrem bis zu quasi masochistischen Haltungen gehen kann und manchmal auch zusammenhängt mit ihrer Verlustangst. Sie lassen sich vom Patienten leicht in Rollen drängen, übernehmen Funktionen, die ihnen der Patient zuschiebt, ohne es zu merken. Selbst können sie vom Patienten schwer angemessen fordern, verwöhnen leicht, ohne sich dessen bewußt zu werden, schonen den Patienten und suchen primär immer danach, wo und wie sie helfen können; dadurch können sich manchmal Prozesse im Patienten nicht genügend entwickeln, evtl. auch dadurch, daß der Analytiker ihm etwas ersparen will.

Das pflegt schon in der Vorbesprechung spürbar zu werden, wo er schon viel – manchmal zuviel – mitfühlende Anteilnahme in Mimik, Haltung und Stimme zeigt. Er geht behutsam vor und nimmt sich zurück, wenn er das Gefühl hat, eine Frage sei dem Patienten unangenehm, neigt vergleichsweise zu größerer Passivität im Ganzen, auch aus dem Gefühl des Vertrauens, daß die wichtigsten Dinge schon zu ihrer Zeit kommen werden. So hat er vielleicht den meisten Respekt vor der Integrität des Patienten, dem er auch weitgehend die Führung überläßt.

Hysterische Patienten reagieren darauf oft arrogant und nutzen die gespürte Behutsamkeit aus, oder aber sie agieren im Sinne des Mitleiderweckens und Verwöhnt-werden-wollens durch Dramatisierung ihrer Probleme. Zwanghafte Patienten fühlen sich angesprochen durch die vorsichtig-behutsame Art und das dahinter spürbare Bestreben, wirklich zu verstehen und den Patienten »anzunehmen«. Depressive Patienten fühlen sich angenommen und verstanden; ihnen ist die Hilfsbereitschaft das Wichtigste und sie können dadurch leichter aus sich herausgehen – aber sie können nun ihrerseits den Analytiker schonen; und so schonen sich beide und es fehlt dem therapeutischen Prozeß die Dynamik. Schizoide Patienten fühlen sich von der Zuwendung zunächst angesprochen, die aber oft zugleich eine Abwehr in ihnen erweckt, wenn die ihnen wichtige Distanz zu sehr verringert wird; auch kommt in ihnen leicht das Bedenken auf, ob der Therapeut stark genug ist für Belastungen. Analytiker mit depressiven Zügen können sehr aufopfernd sein, auch ein großes Liebesdefizit in hingebender Arbeit ausgleichen; aber es fehlt ihnen oft an gesunder Härte und Konsequenz, und sie können manchmal Patienten schwer belasten, weil diese ihre Aggressionen bei ihnen schwerer loswerden können. Sie können oft auch schwerer die Patienten loslassen.

In der Traumbehandlung neigt dieser Typus dazu, düstere Aspekte zu überbewerten, wie er überhaupt vieles zu schwer nimmt, das dramatisierende Agieren hysterischer Patienten u. U. als depressiv ansieht, und aus Hilfsbereitschaft dazu neigt, die düsteren Aspekte zu entschärfen, gleichsam mehr zu trösten als zu analysieren. In den Träumen und auch sonst nimmt er Übertragungen kritischer Art oft zu früh als berechtigte Kritik, sucht nach seinen Fehlern auch da, wo zunächst einmal der Wiederholungscharakter der Übertragung maßgebend sein sollte. Wie alles Fordern, so fällt ihm auch schwer, auf Einfällen zu insistieren. Wenn der Patient versichert, es falle ihm nichts mehr ein, gibt er sich oft zu früh damit zufrieden, so daß ihm wichtige Einfälle entgehen können, wie er es überhaupt weniger mit der Widerstandsanalyse hält und eher hofft, daß die Widerstände sich schon lösen werden, wenn der Patient sie nicht mehr braucht.

Ihm ist i. a. die Stimmung des Traumes wichtig als gleichsam roter Faden der Gefühlserlebnisse, die den Traum durchziehen und die ihm bedeutsamer sind als Symboldeutungen, so daß er in der Traumbehandlung erlebnisnahe bleibt. Er hat oft ein Mißtrauen in den latenten Trauminhalt, wohl auch, weil er wegen zu geringem Insistieren zu wenig Verifizierungen in dieser Hinsicht erlebt. Er ist bereit, Warnungen aus Träumen heraus- oder in sie hineinzulesen und kommt dann in den Konflikt, ob er dem Patient die Warnung aufzeigen und sie ihm so bewußt machen soll, oder ob er damit die Gefahr erst konstelliert, heraufbeschwört und so gleichsam mitschuldig den Teufel an die Wand malt. Aus seinem Helfenwollen kann er prospektive Aspekte des Traumes überbewerten, auch weil er letztlich mehr an die selbstheilenden Kräfte der Seele glaubt als an Technik und Methode. Er ist zu bereit, dem Patienten immer recht zu geben, z. B. auch eigene

Deutungen zurückzunehmen, wenn der Patient sie nicht annimmt. Widerstände sind für ihn eher ein Zeichen, daß das behandelte Thema noch nicht reif ist, daß es noch zu früh ist – welche Einstellung natürlich auch wieder einen Januskopf hat.

Das Zu-spät-kommen des Patienten mobilisiert bei ihm oft zu früh die Sorge, er habe Fehler gemacht und das Zu-spät-kommen des Patienten sei die Reaktion darauf. Er kann dann zu sehr nach eignen Fehlern suchen, anstatt das Verhalten des Patienten analytisch aufzugreifen. Gehört man zu diesem Typus, reagiert man leicht quasi sensitiv-paranoid, projiziert Abbruchtendenzen, Unzufriedenheit usf. in den Patienten und meint, man mache es sich zu bequem, im Widerstand nur Übertragung zu sehen. Ein weiterer möglicher Fehler kann das Überdehnen der Sitzungen sein oder der, sich nach der Sitzung noch in Gespräche verwickeln zu lassen. Ähnlich ist es mit dem Honorar. In bezug darauf neigt dieser Typus eher dazu, den Patienten zu unterfordern, mit Hilfe verschiedener Rationalisierungen, was im Extrem dazu führen kann, daß die finanzielle Lage des Patienten nicht erfragt wird, um ja nicht in die Lage zu kommen, vielleicht mehr fordern zu müssen. Er überläßt daher diese Entscheidung lieber dem Patienten. Dadurch kommt er aber wieder leichter als andere in die Lage, Ressentiments und Bitterkeit zu empfinden, wenn der offensichtlich zu wenig zahlende Patient sich etwa ein teures Auto usf. kauft.

Das alles hat aber noch den weiteren schwierigen Aspekt, daß der Patient durch zu viel Schonung und Rücksicht in Dankbarkeitsgefühle geraten kann, die es ihm wiederum erschweren, seine Aggressionen loszuwerden. Hier liegt vielleicht die größte Klippe dieses Typs, der sich dann manchmal wundert, daß Patienten bei ihm seltener aggressiv werden als bei Kollegen, den Zusammenhang aber nicht überblickt. So ist er auch oft zu bereit, das Honorar zu stunden oder herabzusetzen, wenn der Patient entsprechende Vorschläge macht, und kann evtl. in schwierige Situationen des Ausgenutztwerdens kommen.

Das Problem von Forderung und Gegenleistung ist für ihn schwierig, und da er die eigene Leistung eher zu gering und als selbstverständlich ansetzt, ist dies ein weiterer Grund dafür, warum er schwer fordern kann – vor allem, wenn noch keine spürbaren Erfolge vorliegen oder wenn er das Gefühl hat, zu wenig helfen zu können. Aus solcher Resignation heraus kann er Analysen zu früh aufgeben.

Hysterische Patienten liegen diesem Typ des Analytikers weniger. Er ist ihnen in ihrem schillernden Rollenspiel nicht recht gewachsen und nimmt sie zu leicht an falscher Stelle ernst; ihm liegen mehr die langen und schweren Fälle zwanghafter und depressiver Struktur, an denen er seine besten Möglichkeiten entfalten kann; schizoiden Patienten gegenüber ist er erfolgreich, wenn er seine unbewußte Bereitschaft, Vorwürfe anzunehmen bis zum Sich-quälen-lassen, erkennt und vermeidet.

Und schließlich nun zu den Analytikern mit schizoiden Zügen, die charakterisiert sind durch ein Bedürfnis nach Distanz und eine geringe Hingabefähigkeit, die dafür eine oft überdurchschnittliche Intuition und psychologische Begabung mitbringen, den Blick für seelische Zusammenhänge, eine ungemein scharfe Beobachtungsgabe und oft mehr kühle Forschernaturen sind als Therapeuten. Die möglichen Gefahren dieses Typs sind vor allem folgende: Er bleibt zu leicht in zu großer Distanz, wehrt unbewußt vor allem positive Übertragungen des Patienten ab oder analysiert sie zu früh und entzieht sich so dem emotionalen Einbezogenwerden. Er wird dem Patienten zu wenig Partner, wodurch die Analyse im ganzen oft zu intellektuell-abstrakt verläuft. Wegen dieses zu geringen emotionalen Nahkontaktes nun kann analytisches Geschehen leichter über- oder unterschätzt werden, und so passieren ihm besonders leicht falsche Akzentsetzungen – denn solche Nuancen hat man mit einiger Sicherheit erst verfügbar durch einfühlende Nähe zum Patienten. Daher ist sein Problem mehr als bei anderen Analytikern was und wie, wieviel und wann er von seinen Beobachtungen und Intuitionen dem Patienten deutend etwas mitteilen soll. Denn aus ungenügender emotionaler Bezogenheit können auch an sich völlig richtige Deutungen gefährlich sein, weil man ihre Auswirkung im Patienten dann besonders schwer abschätzen kann.

Bei ihm kommt es vergleichsweise leichter zur Entwicklung analytischer Prozesse im Patienten; nur muß er dann vorsichtig sein, sie nicht zu sehr mit psychologisch-forscherischer Neugier zu betrachten und sie sich selbst zu überlassen. Denn dann greift er zu wenig ein, gibt dem Patienten zu wenig Hilfestellung und erspart ihm auch möglicherweise da nichts, wo er es könnte und sollte. Manchmal hängt das bei ihm auch damit zusammen, daß er skeptisch ist in bezug auf die Methode und daher mehr bereit, durch Abwarten und beobachtendes Geschehenlassen sie bestätigt zu bekommen.

Der Patient bekommt bei ihm öfter den Eindruck kühl-wissenschaftlicher Distanz schon in der Vorbesprechung. Er fragt hier unpersönlicher; aber der Patient hat das Gefühl, daß der Analytiker »alles« registriert und wer weiß was für Schlüsse daraus zieht, deswegen weil er zu wenig erkennen läßt, wie der Patient auf ihn wirkt. Dieser fühlt sich daher u. U. als wissenschaftliches Objekt. Hysterische Patienten empfinden die emotionale Unsicherheit dahinter – aber auch, daß sie durchschaut werden und mit ihren Methoden bei ihm nicht ankommen, und suchen nun ihrerseits nach den Schwächen des Analytikers hinter seiner glatten Fassade. Zwanghafte Patienten neigen eher dazu, die kühle Sachlichkeit zu bewundern und als besondere Beherrschung und Sicherheit auszulegen. Depressive Patienten fühlen sich besonders leicht als Objekt, wagen sich nicht heraus mit ihren Problemen und versuchen, die projizierte vermutete Erwartung des Analytikers zu erraten und zu erfüllen und überfordern sich so u. U. von Anfang an. Schizoide Patienten erfühlen oft instinktiv das Gemeinsame, erhoffen daher wirkliches Verstandenwerden, fürchten aber zugleich, nicht genügend Geborgenheit zu finden, und äußern oft schon früh und scharf ihre Kritik und Bedenken.

Auch dem Traum gegenüber hat der Analytiker mit schizoiden Zügen eine primär intuitive Einstellung; er erfaßt oft sehr rasch und früh tiefere und hintergründige Bedeutungen, ohne sie selbst eigentlich begründen oder ableiten zu können. Durch Mitteilung solcher Deutungen, die dem Patienten und dem jeweiligen Stand der Analyse evtl. nicht angemessen sind, kann viel in Gang kommen, aber im Extremfall auch eine Inflation durch unbewußtes Material ausgelöst werden. Dieser Therapeut ist häufig gleichsam dem analytischen Prozeß ein Stück voraus. Wenn er das nicht erkennt, kann die Analyse sozusagen im luftleeren Raum verlaufen, auch, weil von ihm der Stimmungsanteil, die Gefühlstönung im Traum eher vernachlässigt wird zugunsten inhaltlicher und symbolischer Aussagen, was dann wieder zu unrichtigen Akzentsetzungen führen kann.

Dieser Typ registriert alle Verhaltensweisen des Patienten ungemein scharf, verfällt den Übertragungen gegenüber leicht in eine ironische Haltung, vor allem bei werbenden Haltungen des Patienten, was sich natürlich wieder je nach Struktur des Patienten sehr verschieden auswirkt. Das Aufgreifen aller Verhaltensweisen des Patienten – etwa im Sinne der Charakteranalyse nach *Reich* – kann für das Erleben des Patienten manchmal eine gleichsam mitleidlose Form annehmen, vom Patient als detektivistisch empfunden werden, gerade auch, weil die Analyse sonst in dem beschriebenen kühl-distanzierten Rahmen verläuft. Sachlich und unpersönlich werden auch Honorarfragen behandelt – oft in der Form, daß einfach ein

Grundhonorar genannt wird, das man zu nehmen gewohnt sei – damit dem Patienten eigentlich alle Möglichkeit einer Stellungnahme außer Akzeptieren oder aber der Feststellung, daß es ihm nicht erschwinglich ist, abschneidend. So bekommt der Analytiker für den Patienten gleichsam einen bestimmten Kurs- oder Marktwert, dem gegenüber es keine persönliche Regelung zu geben scheint.

Grundsätzlich kann gesagt werden, daß dieser Typus therapeutisch wohl am problematischsten ist. Hysterische Patienten liegen ihm meist, weil er ihre Mechanismen sehr bald durchschaut und er ihnen in seiner Konsequenz keine Ausweichhaltungen zuläßt, ja ein besonderes Talent dafür und Freude daran hat, sie gleichsam in ihren Schlupfwinkeln aufzuspüren; bei zwanghaften Patienten kann ihn die Auflösung und das Verstehen der Zwänge reizen als forscherisch-wissenschaftliches Problem an sich, u. U. mehr als der therapeutische Nutzen. Depressive Patienten kommen am ehesten bei ihm zu kurz und können zu viele Versagungen erleben, bekommen zu wenig Wärme und Gelegenheit, ihren Anspruch auf Geborgenheit nachzuholen. Bei allem Verständnis, das er für schizoide Patienten hat, kann er auch ihnen schwer das Ausmaß an Gefühlszuwendung geben, das sie zum Verarbeiten ihrer Frühschicksale brauchen. Was den Abschluß der Behandlung anlangt, so tendiert er manchmal zu etwas brüskem und unorganischen Beenden der Analyse, was den Patienten evtl. überfordern kann.

Fritz Riemann

Auszüge aus einer Selbstdarstellung

Über die Motive, einen Bericht von den Erfahrungen aus vierzig Jahren psychotherapeutischer Arbeit und von der eigenen Entwicklung vorzulegen.

Schließlich könnte die Lektüre dieser Selbstdarstellung auch jenen etwas bedeuten, die für sich selbst einen ähnlich unüblichen Entwicklungsgang zu bejahen haben, die sich nicht in eine der üblichen sozialen Rollen fügen können oder wollen. Auch und gerade heute wird, bedingt durch Umorientierungen und rasch fortschreitende Entwicklungen, der Bildungsweg über Universität und Lehrinstitute nicht immer dem persönlichen Suchbild des einzelnen entsprechen können.

Ich weiß, wie schmal bei einem solchen Entwicklungsgang die Grenze zwischen Vertrauen in die Eigengesetzlichkeit und trotziger Opposition ist. Dieser Weg ist einerseits unsicherer, ungeborgener und mit mehr Selbstzweifeln behaftet als ein vorgeschriebener und als gültig angesehener. Andererseits ist er auch leichter, weil er weniger wesensfremden Ballast zur Erfüllung einer bestimmten sozialen Rolle aufbürdet.

Über die Eltern, Suche nach einem Beruf, Studien, Anfänge der psychoanalytischen Arbeit in Berlin, Schwierigkeiten während des Hitler-Regimes; nach dem Krieg Neuanfang in Mün-

chen und Gründung des »Instituts für psychologische Forschung und Psychotherapie«.

Psychoanalytiker, so schien es mir damals, waren offenbar Menschen ohne die üblichen Vorurteile...

Erst später, nach der Befreiung vom Hitler-Regime, mußte ich erkennen, daß es unter Analysierten nicht anders zugeht als unter Nichtanalysierten...

In den sogenannten (vom Berliner Institut übernommenen) »Dreierseminaren«, in denen ein Kandidat einen Fall vor Vertretern der drei Hauptrichtungen *(Freud – Jung – Adler/Künkel)* vortrug, kam es oft zu recht divergierenden Auffassungen. Aber wir waren nicht fanatisch, nahmen die andere Meinung ernst und setzten uns damit auseinander. Wir waren weniger »linientreu«, dafür aber aufgeschlossener und lernten dadurch voneinander. Einseitige Standpunkte konnten sich kaum durchsetzen; der neurotische Mensch wurde von den verschiedensten Gesichtspunkten aus betrachtet.

Für mich war die Situation am Institut nicht immer einfach. Ich war (und das noch für Jahre) der einzige »Freudianer« im Lehrkörper. Ich setze diesen Begriff in Anführungszeichen, denn ich habe mich nie nur als solchen empfunden. Von einem »Freudianer« konnten die Kandidaten erwarten, Theorie und Technik der Psychoanalyse zu lernen. Als einzelner fühlte ich mich dieser Aufgabe nicht gewachsen. Ich war theoretisch nicht ausreichend belesen, konnte mich aber vor allem mit Lehrgebäude und Hypothesen der Psychoanalyse nicht völlig identifizieren. Ich habe immer mehr aus der Erfahrung gelernt und kann Theorien, die sich mir nicht unmittelbar aus der Praxis ergeben, nicht überzeugt vertreten.

Das wirkte sich so aus, daß ich nur das lehrte, was sich mir in der Praxis bewährt hatte; das war zwar weniger theoretisch umfassend, aber dafür wirklichkeitsnahe, und bot dem Lernenden Konkretes für seine spätere praktische Tätigkeit. Der Nachteil war, daß ich natürlich nur einen individuellen Ausschnitt des Gesamtstoffes anbieten konnte ...

Ich fühlte eine Art pionierhafte Verpflichtung, hier in Bayern etwas wie eine Keimzelle zu gründen für eine lebendige, nicht dogmatische psychoanalytische Psychotherapie ...

Wie jeder Therapeut habe ich das meiste von meinen Patienten gelernt. Aber auch meinen Schülern verdanke ich vieles. Sie hatten es mit mir nicht leicht: ich war kein Akademiker; meine ernsthafte Beschäftigung mit der Astrologie (die natürlich »wissenschaftliche« Angriffspunkte bot) habe ich nie verheimlicht, und ich war schulmäßig nicht eindeutig unterzubringen. (Offensichtlich besteht auch unter Analytikern ein Bedürfnis, einander schulmäßig einzuordnen, was, wie andere soziale Rollen oder Titel, wohl beruhigend wirkt im Sinne einer Zugehörigkeit, aber natürlich auch das Entstehen einer Berufspersona begünstigt.) Mit anderen Worten: ich war kein einfacher »Vater«, mit dem man sich leicht während der Ausbildung so weit identifizieren konnte, wie es im allgemeinen für ein Lehrer-Schüler-Verhältnis notwendig ist ...

Ich sehe es als besonderen Glücksumstand an, daß die meisten meiner Schüler mir Vertrauen entgegenbrachten; denn als Lehrer und Lehranalytiker ist man auch abhängig von denen, die einen in diesen Funktionen anerkennen oder nicht. So war dieses Vertrauen für mich nicht nur eine große Hilfe, sondern es verpflichtete mich auch wieder, dieses Vertrauen nicht zu enttäuschen.

Ich hatte natürlich auch Feinde. Durch meine Funktion wurde ich exponierter, als ich sein wollte und geriet, mehr als mir lieb war, in die Berufspolitik, die – gar nicht selten – zur Machtpolitik entartete. Orthodox orientierte Kollegen stempelten mich zum »Schultz-Henckianer«, um mich über die von ihnen abgelehnte und abgewertete Neoanalyse zu bekämpfen. Gern hätten sie auch meine Zugehörigkeit zum Berliner Institut zur Nazivergangenheit verfälscht und eine Sprengung des Münchner Instituts versucht. Die von ihnen zeitweilig betriebene Machtpolitik, so meine ich heute, hat wohl mehr dem Zweck gegolten, das Münchner Institut in ein orthodox-Freudianisches umzuwandeln, welchem Plan meine Person im Wege stand.

Jedenfalls hat die Kritik dieser Kollegen, berechtigte und unberechtigte, eine ständige Auseinandersetzung mit mir selbst und eine Überprüfung eigener Standpunkte herausgefordert. Erfreulicherweise waren diese Kollegen hin und wieder auch der Anlaß, meinen an sich nicht ausgeprägten Kampfgeist zu wecken. Dies war dann der Fall, wenn ein einzelner oder eine Gruppe mit dem Anspruch auftrat, »die« Wahrheit zu verkünden oder dann, wenn Intoleranz und Dogmatismus ein durchschnittliches Maß überstiegen — beides Vorgänge, die bei orthodox orientierten Kollegen eher gehäuft vorkommen können.

Scherzhaft habe ich oft gesagt, ich sei schon früh für jede Orthodoxie verdorben worden: ich hatte in meiner Jugend drei verschiedene Klavierlehrer. Beim ersten mußte ich mit gebeugten, beim zweiten mit gestreckten Fingern und beim dritten aus der Schulter spielen. Jeder hielt seine Methode für die beste, und ich lernte daraus, daß es »die« beste Methode nicht gab und daß jeder selbst die ihm gemäße finden muß.

Lehrtätigkeit und Praxis haben es mit sich gebracht, daß ich mich immer wieder mit Theorie und Technik der Psychoanalyse auseinandersetzte. Ich will versuchen, meinen heutigen Standpunkt darzustellen:

Nach *Freud* ist die Psychoanalyse dreierlei: Forschungsmethode, theoretisches Lehrgebäude und therapeutische Methode.

Als Forschungsmethode wird die Psychoanalyse, meiner Auffassung nach, ihren Wert behalten. Sie vermittelt ein so differenziertes und detailliertes Wissen vom Menschen, seiner allgemeinen Entwicklungsgeschichte und individuellen Biographie, wie es meines Wissens anderswo nicht erreicht worden ist. Der Wert dieser Forschungmethode ist nicht nur ein historischer, insofern wir ihr das spezifische psychoanalytische Wissen verdanken, sondern psychoanalytische Forschung ist weiterhin gültig und zukunftsweisend, indem sie sich neuen Gebieten zuwendet. Beispiele dafür sind etwa die Erforschung der Psychosen sowie von Gruppen- und sozialpsychologischen Phänomenen.

Mit dem theoretischen Lehrgebäude der Psychoanalyse hatte und habe ich Schwierigkeiten. Wenn mit Begriffen, die zunächst nur Arbeitshypothesen waren, wie mit Realitäten umgegangen wird, die nicht mehr diskutiert zu werden brauchen, kommt es leicht zu jener nur noch Eingeweihten verständlichen Esoterik, die, immer lebensferner werdend, an der eigenen Sterilität zugrunde geht: man neigt dann dazu, einmal gefundene Teilerkenntnisse in ein System zu pressen, dieses System immer mehr auszubauen und alles nicht in das System Passende auszuschließen. Das ist nichts Neues für die Psychoanalyse: auch *Freud* lehnte das nicht in sein Konzept Passende schroff ab – mit ein Motiv für die Zerwürfnisse mit den begabtesten seiner Schüler. Wie jede einseitige Welterklärung führt sich ein auf einem dogmatischen Konzept beruhendes System selbst ad absurdum und erklärt schließlich, ohne es zu merken, mit dem zu Erklärenden. So erscheint mir *Freuds* Konzept vom Unbewußten als zu eng. Es enthält ursprünglich nur Verdrängtes und Triebhaftes. Die Erweiterung dieses Konzeptes durch die Auffassungen von *Jung* halte ich für unerläßlich, und sie sollte nicht dem Streit der Schulen geopfert werden. Auch die sogenannte Instanzenlehre (Ich-Es-Über-Ich) befriedigt mich nicht – ich halte es mit *Novalis*, für den jeder Mensch »eine kleine Familie« war, von Teilpersönlichkeiten, die mit jenem Schema nicht zu fassen sind. Den psychoanalytischen Realitätsbegriff mit seiner Überbewertung der Extraversion und die einseitige Auffassung des Traumes als Wunscherfüllung und Wiederholung der Vergangenheit kann ich ebenfalls in dieser Form nicht übernehmen, wie mich auch die überwiegend kausal-genetische Sicht nicht befriedigt.

Meine unterschiedliche Auffassung von der Psychoanalyse als Theorie basiert wesentlich auf dem Gegensatz zwischen natur- und geisteswissenschaftlicher Betrachtung. Der Naturwissenschaftler wird nach überindividuellen, allgemeingültigen Regeln, Methoden und Techniken suchen, um Fehlerquellen des Beobachters oder Therapeuten möglichst auszuschließen. Er bezahlt das mit einer vereinfachenden Schematisierung des Lebendigen. Der Geisteswissenschaftler versucht, gerade die Einmaligkeit einer individuellen Entwicklung biographisch zu verstehen und auch die therapeutische Methode auf diesen bestimmten Patienten auszurichten; er modifiziert sie daher von Patient zu Patient, weil er weiß, daß gerade im Erfassen des Einmalig-Individuellen eines Schicksals das therapeutisch Wirksamste liegt. Er bezahlt das mit einer größeren Unsicherheit, weil er sich nicht so sehr auf allgemein Gültiges stützen kann.

Für mich lag und liegt der große Reiz der Psychoanalyse und Psychotherapie gerade darin, daß sie als Wissenschaft zwischen Natur- und Geisteswissenschaft (und damit zwischen Kausalität und Motivation), als Therapie zwischen Wissenschaft (Methode) und Kunst (Intuition), und als Einstellung zum Patienten zwischen Erkenntnis und Liebe steht. Dieser dreifache Zwischenbereich nimmt der Psychotherapie nichts von ihrer Wissenschaftlichkeit – im Gegenteil: seit die Psychoanalyse mehr und mehr mit einseitig rational-kausalen Methoden betrieben wird, ist sie in mancher Hinsicht verarmt.

Drittens ist Psychoanalyse eine therapeutische Methode. Ihre Reichweite als solche ist nicht leicht abzugrenzen. Nicht zuletzt deshalb, weil es sehr davon abhängt, wie und von wem die Methode angewendet wird. Orthodoxe – oder wie sie sich lieber nennen hören: Vertreter der klassischen psychoanalytischen Methode – engen ihr Anwendungsgebiet oft zu sehr ein. Statt die Methode zu differenzieren und sie den Patienten anzupassen, treffen sie schon in der Auswahl der Patienten unter dem Aspekt, wer für diese Methode geeignet ist, eine solche Einengung. Das kann man natürlich machen. Aber wenn man starr an der ursprünglichen Methode hängt (nicht unter vier bis fünf wöchentlichen Sitzungen, der Patient muß liegen), schließt allein das schon eine große Zahl von Patienten aus, die sich für diese Methode nicht, oder nicht von Beginn an, eignen. Vor allem für sehr früh und tief gestörte Patienten trifft das zu. Mit ihnen kann man oft noch nicht das »Arbeitsbündnis« eingehen (von dem man nicht recht weiß, wieweit es vor allem der Sicherung des Analytikers dient, den Patienten auf die gelernte Methode festzulegen). Das Liegen und zu dichte feste Stunden können bei ihnen einem Kunstfehler gleichkommen, wie auch das tiefe Regredieren-Lassen, und das Anwachsen-Lassen der Übertragung. Ich selbst rechne mich zu den vorwiegend psychoanalytisch orientierten Psychotherapeuten, die ihre Arbeitsweise elastisch auf den jeweiligen Patienten ausrichten und mögliche therapeutische Hilfen nicht einer starren Methode opfern, weil sie bei dieser nicht »erlaubt« sind.

Jede Forschungs- und Therapiemethode verändert das »Objekt«, das sie erforscht oder therapiert, vor allem wenn sie, wie die Psychoanalyse, das Objekt in ihm ungewohnte und eher künstliche Bedingungen versetzt, und wenn das »Objekt« der Mensch ist. Die Anordnung der psychoanalytischen Situation (der Patient auf der Couch liegend, der Therapeut unsichtbar hinter ihm sitzend) bringt eine Art Laboratmosphäre mit sich, die für ein bestimmtes forscherisches Interesse optimal ist, nämlich für das Wiedererinnern der frühen

Vergangenheit in der Regression und im Übertragungsgeschehen. Bei dieser Anordnung und Methode auftretende Phänomene (bestimmte Widerstandsformen, Übertragung und Gegenübertragung, Traumgeschehen) sind zum Teil durch diese Methode bedingt und müssen nun wieder mit ihr bearbeitet werden. Mit dem Unbewußten ist es ähnlich wie mit dem Wald, aus dem zurücktönt, was man hineingerufen hat – es antwortet auch so, wie man es anspricht.

Da nun der Psychoanalytiker ein bestimmtes theoretisches und therapeutisches Konzept hat, konstelliert er damit mehr, als ihm oft bewußt ist. Die Einstellung vieler Analytiker, auf Grund ihres Konzepts immer schon mehr vom Patienten zu wissen als dieser selbst, verführt sie leicht zu Deutungen aus der Theorie und damit zu einer hybriden und gefährlichen »Sicherheit«. Sie wissen dann immer schon, was sie finden werden (oder wollen). So entsteht eine Rollenverteilung zwischen Analytiker und Patient, die der amerikanische Analytiker *Jay Haley* in seinem Aufsatz »Die Kunst der Psychoanalyse« sehr drastisch dargestellt hat (in *Wort und Wirklichkeit,* Darmstadt o. J.).

Gerade in der Therapie geht es nicht um den Streit von Wissenschaftlern im Elfenbeinturm, sondern um Patienten, die Hilfe erwarten. Die orthodoxe Methode neigt zu einem technischen Perfektionismus, der mehr und mehr zum Selbstzweck geworden ist. Von *Freud* selbst stammt das Wort vom »reinen Gold der Psychoanalyse« und seine Abneigung gegen »Legierungen« (was man ihm als dem Begründer zugestehen mag). Aber vielleicht hat er damit den Keim zu jenem Perfektionismus gelegt, dem das Fahrzeug wichtiger ist als das Ziel.

So ist es vielen Analytikern wichtiger, daß ihre Therapie »wirkliche« Psychoanalyse, als daß sie dem Patienten angemessen ist. Es fühlt sich nur als Freudianer, wer »klassisch« arbeitet. Weil jede Abweichung davon (oder Bereicherung) als »Verwässerung« abgewertet wird (dafür sorgen schon die Kollegen), bemüht sich jeder durch entsprechend häufiges Zitieren von *Freud* sich das geforderte wissenschaftliche Alibi zu verschaffen. Dadurch kommt es dann oft zu dem für Außenstehende schwer verständlichen Streit, wer *Freud* am besten kennt.

Dieser Monomanie und dem Ehrgeiz, alles nur mit der »reinen« Methode zu schaffen, wird oft zuviel geopfert. Der Leidtragende ist der Patient. Ich habe mich nie vor »Legierungen« gescheut, wenn sie mir für den Patienten hilfreich erschienen. Ich empfehle manchmal zu malen, zu kneten, eine Atem- oder Bewegungstherapie u. a. neben der Analyse. Auch halte ich eine Kombination von Einzel- und Gruppentherapie in vielen Fällen für sehr günstig und sehe sie als eine sehr wichtige Ergänzung an: der Patient wird in der Gruppe vielseitiger konstelliert, als es in der Einzeltherapie möglich ist, und kann die dort angesprochenen Probleme in dieser durcharbeiten. Das kann die manchmal steril werdende Übertragungs-Gegenübertragungs-Verstrickung sehr langer Analysen vermeiden helfen und im ganzen die Dauer verkürzen.

Bei schwer Gestörten arbeite ich meist – zumindest zu Beginn – mit dem Patienten im Sitzen, weil die analytische Situation sie überfordert. Die Dichte der Behandlungsstunden variiere ich von Fall zu Fall, überlasse sie anfangs auch manchmal dem Patienten, da ein Zuviel bei manchen dieser Patienten von ihnen nicht verkraftet wird. Starre Regeln und Schemata können zum Kunstfehler werden.

Auch die Meinung vieler Analytiker, daß der Mensch nach vierzig nicht mehr wandlungsfähig sei, kann ich aus meinen Erfahrungen nicht bestätigen. Er ist wohl für eine klassische Analyse kaum mehr geeignet, deren Akzent auf der Übertragung und dem Durcharbeiten der Vergangenheit liegt, aber sehr wohl für elastischere Therapieformen. Gerade bei älteren Menschen kann eine analytisch orientierte, aber unorthodoxe

Therapie oft Erstaunliches erreichen (Annehmen des Alters und damit zusammenhängender Ängste, Freiwerden für neue Entwicklungen, die erst im Alter möglich sind, Annehmen schicksalhaften Gewordenseins in der Überschau großer Zeiträume und Zusammenhänge, um nur einiges zu nennen).

Auch nehme ich – im Gegensatz zur klassischen Analyse – manchmal ein Ehepaar gleichzeitig in Analyse, wenn die Ehe auf einer gesunden Basis zu ruhen scheint und der Wille zueinander erkennbar ist. Der ausgeschlossene Partner wird dadurch nicht unnötig zum möglichen Feind der Analyse, man übersieht die Gesamtsituation besser, kann die Probleme von beiden Seiten betrachten, läuft weniger Gefahr, parteiisch aus einseitiger Informierung zu werden und die beiden Therapeuten können nicht gegeneinander ausgespielt werden.

Über die oben genannten Funktionen hinaus hat die Psychoanalyse noch drei weitere:

Dies ist einmal die Ausbildung des Nachwuchses – auf diesem Gebiet scheint mir manches verbesserungsbedürftig zu sein. Der Lehranalytiker hat m. E. eine zu große Macht. Wenn oben gefragt wurde, ob und inwieweit eine Methode ihr »Objekt« beeinflussen und verändern könne, so gilt dies in verstärktem Maße für die Lehranalyse. Wie die Dinge heute gehandhabt werden, erkennt der Ausbildungskandidat bald, welches Denken von ihm erwartet wird, und er paßt sich den Erwartungen an. Es ist bekannt genug, daß unter diesen Umständen Einfälle redigiert werden. Schließlich will der Kandidat seine Prüfung bestehen und der Aufwand soll nicht umsonst gewesen sein. Dadurch läßt er es aber an Aufrichtigkeit sich selbst und dem Analytiker gegenüber fehlen. Aufrichtigkeit halte ich aber (von seiten beider Partner) für das sittlich und therapeutisch wichtigste Element von Psychoanalyse und Psychotherapie.

So ergeben sich an manchen Instituten die gleichen Mißstände wie an den Universitäten mit der zu großen Macht der Ordinarien. Hier sehe ich für unser ganzes Fachgebiet die Gefahr von Stagnation und Sterilität in der Erziehung zu einem linientreuen und uniformen Nachwuchs, anstatt zu freier Persönlichkeitsentfaltung. Das wirkt sich dann oft so aus, daß, in den Kontrollanalysen und in der therapeutischen Arbeit selbst, die Freude daran durch die Angst überdeckt wird, es »richtig« zu machen – die Methode wird zum Über-Ich. Angst ist aber für Forschung und Therapie kein guter Boden.

Eine sehr wichtige Funktion hat die Psychoanalyse in der Prophylaxe. Psychoanalytische Erfahrungen sind noch lange nicht ausreichend genug allgemeines Wissensgut geworden. Sie sollten noch viel mehr in die Ehe- und Mütterberatung, in Schulen, Heime und Gefängnisse (auch für die Resozialisierung) getragen werden. Hier liegt noch ein weites Feld der Aufklärung, die helfen kann, neurotische Entwicklungen in statu nascendi zu erfassen und zu verhindern. Nicht zu vergessen ist die Bedeutung, die unsere analytische Arbeit mit dem Patienten für uns selbst bedeutet: sie ist eine »unendliche« Eigenanalyse in immer erneuter Konfrontation mit unseren Patienten. Wie kaum in einem anderen Beruf stellt sie uns immer wieder in Frage, und es ist für mich einer der großen Reize dieses in vieler Hinsicht große Opfer fordernden Berufes, daß in ihm die Chance für die eigene Weiterentwicklung so groß ist.

Die letzte Funktion der Psychoanalyse ist für manche ihrer Anhänger reserviert: für diese kann sie zur Weltanschauung, zur dogmatischen Lehre werden, die sich kaum von einer religiösen oder anderen Ideologie unterscheidet – von Ideologien also, die von eben dieser Psychoanalyse anderswo scharf kritisiert und entlarvt wurden. (*Erich Fromm* hat diese Züge in seinem Buch *Freuds Sendung* am deutlichsten beschrieben*.)

---

* *E. Fromm*, Sigmund Freuds Sendung. Frankfurt-Berlin 1961 (Ullstein-Bücherei N. 358)

In diesen Kreisen finden sich alle Symptome der Orthodoxie: Intoleranz gegen Andersdenkende; sektiererhafte Exklusivitität; Streit untereinander darum, wer die Lehre am reinsten vertritt; Ausschluß derjenigen, die vom Dogma abweichen; eine sich immer mehr spezialisierende Fachsprache, die nur von Eingeweihten verstanden wird und der es gelingt, auch Einfaches kompliziert darzustellen; Kongresse, zu denen nur Gleichgesinnte Zutritt erhalten, um der störenden Konfrontation mit anderen Ansichten zu entgehen. Kommt es unter diesen Umständen trotzdem zu neuen Gedanken, so müssen diese dadurch sanktioniert werden, daß man sie – zumindest in irgendeinem Ansatz – »auch schon bei *Freud*« nachweist. Wie würde wohl *Freud* selbst heute zu diesen Nachfolgern stehen? Vergessen wir aber nicht, daß auch er bei aller Genialität deutliche Anzeichen von Starre und Intoleranz erkennen ließ. (Ich verweise in diesem Zusammenhang auf das Buch von *V. Brome, Sigmund Freud und sein Kreis.* Wege und Irrwege der Psychoanalyse. München 1969.)

Wird eine wissenschaftliche und therapeutische Methode wie die Psychoanalyse mit Fanatismus und Machtansprüchen betrieben und zum Dogma erhoben, sind Folgen für sie unausweichlich. Sie wird den Entwicklungen der Zeit bestenfalls nachhinken oder schlimmer, zur Randwissenschaft degenerieren. Mir scheinen nicht unbedeutende Teile der Psychoanalyse von solcher sterilen Orthodoxie bedroht.

Über meinen therapeutischen Standort habe ich verschiedentlich berichtet. Wie schon angedeutet, bin ich der Auffassung (aus Erfahrungen), daß vier bis fünf Behandlungsstunden pro Woche als Regel und über Jahre hinaus, für den Patienten schädlich sein können. Der riesige Aufwand steht oft zum Erfolg in keinem Verhältnis und engt den Kreis der Patienten entscheidend ein. Es ist einleuchtend, daß in der Gründerzeit so gearbeitet werden mußte: die Psychoanalyse war vorwiegend noch Forschungsmethode und ihre therapeutische Leistungsfähigkeit mußte erst erkannt werden. Dies kann jedoch kein Grund sein, an diesem Modell um jeden Preis festzuhalten, wo inzwischen viele Erfahrungen vorliegen, daß mit weniger dichten Stunden gleiche Erfolge erreicht werden können, auch mit einer fraktionierten Arbeitsweise und dem Einschalten einer schöpferischen Pause.

Ich hatte oft weit auswärts wohnende Patienten mit stundenlangen Anfahrten. Ich hätte sie entweder fortschicken müssen, weil eine »klassische« Analyse nicht möglich war, oder ich mußte mich entschließen, mit ihnen einmal wöchentlich eine Doppelstunde oder eine Stunde an zwei aufeinanderfolgenden Tagen zu arbeiten. Ich stellte fest, daß solche Analysen durchaus gelangen.

Allerdings kam es so zu keiner intensiven Übertragungsneurose mehr und ich fragte mich (und frage mich noch), ob wir die Übertragungs*analyse* manchmal nicht überbewerten? Ist es nicht heute mancherorts fast schon Mode geworden, alle Reaktionen, Verhaltensweisen und Trauminhalte des Patienten als Übertragung zu deuten? Dadurch konstellieren wir sie überwertig, und das pflegt zu einer Stereotypie zu führen, die der Patient bald durchschaut und ironisiert. Wehrt sich der Patient gegen diese Schablonenhaftigkeit, wird ihm das womöglich als Widerstand ausgelegt.

Die Bedeutung der Übertragung selbst kann gar nicht überschätzt werden. Letztlich unterscheidet sich Psychoanalyse von anderen psychotherapeutischen Verfahren dadurch, daß sie mit Übertragung und Gegenübertragung arbeitet bzw. damit umgehen kann, daß sie den Patienten in frühe Phasen seiner Entwicklung regredieren läßt, um an die primären Störungen heranzukommen, und daß sie ein bestimmtes Konzept vom Unbewußten hat. Hierin liegen die Stärken psychoanalytischer Therapie. Ihr Nachteil kann in der großen Abhängigkeit liegen, in die der Patient, vor allem bei Anwachsen-Lassen der Übertragung zur Übertragungsneurose, gerät, die dann erst wieder abgebaut werden muß. Das hängt u. a. wieder direkt mit der Stundendichte zusammen. Nach meinen Erfahrungen erscheint mir im allgemeinen (selbstverständlich gibt es Abweichungen davon nach unten und oben) die Dichte von drei Wochenstunden (jeden zweiten Tag eine Stunde) am glücklichsten. Sie garantiert die nötige Kontinuität, auch in der Übertragung, ohne diese zu einer Übertragungs*neurose* anwachsen zu lassen.

Wir dürfen nicht unterschätzen, daß die Fixierung an eine Arbeitsmethode den Blick für Erfahrungen verbaut, die man auf anderem Wege machen kann. Wenn man diese Methode nur noch immer mehr verfeinert, kommt es zu einem Perfektionismus, der immer mehr Selbstzweck wird. Man achtet dann mehr auf die Technik als auf den Patienten. Das sind nur sehr feine Nuancen, aber sie werden vom Patienten gespürt und tönen die gesamte therapeutische Atmosphäre. Der Vorteil der Übertragungsanalyse ist die Konzentration alles Geschehens auf die Analyse, damit auch die Unterbindung des Agierens außerhalb der Analyse. Der Nachteil ist jene Abhängigkeit und nicht selten die Verarmung der Beziehungen des Patienten in der Außenwelt auf lange Zeit, mit möglichen schwierigen Folgen. Im Übertragungs- und Gegenübertragungsgeschehen kann der Widerstand zu einer gefährlichen Waffe in der Hand des Analytikers werden, wenn nicht genügend realisiert wird, wieweit die Methode den Widerstand selbst konstelliert. Es ist auch etwas anderes, Schwierigkeiten des Patienten in der Behandlung als Widerstand zu sehen und anzusprechen, oder aber die dahinterstehenden Ängste und das Unvermögen zu erkennen und anzusprechen. Auch das sind nur feine, aber wichtige Nuancen. Ich meine, daß schon die Wahl des Begriffes »Widerstand« etwas über eine Grundeinstellung des Analytikers aussagt.

Meine fachlichen Beiträge behandeln größtenteils therapeutisch-praktische Fragen. In meiner ersten Arbeit (»Über neurosenspezifische Anwendungen der psychoanalytischen Technik«, 1952) versuchte ich schon, neurosenspezifische Ansätze für die Therapie darzustellen. Ich suchte die »Nahtstellen«, an denen der Patient sich vor die Entscheidung gestellt sieht, in einer Situation mit den eingefahrenen neurotischen Verhaltensmustern zu antworten (und damit seine Neurose zu verfestigen), oder aber eine schöpferische Neuantwort zu wagen, die ihn ein Stück Neurose überwinden hilft. Diese Nahtstellen nannte ich »Keimsituationen«, da in ihnen durch wiederholte und sich so summierende Verhaltensweisen die Keime zu schicksalhaften Entwicklungen liegen. Ich versuchte, typische Keimsituationen für die verschiedenen Neurosen herauszuarbeiten. Die Keimsituationen enthalten Vergangenheit, Gegenwart und Zukunft in einem. Sie enthalten immer zugleich einen prospektiven Aspekt und wollen zugleich individuelle Problemstellen aufzeigen, die schicksalhaft über nur neurotisches Verhalten hinausführen. Dieses Konzept ist für mich noch heute therapeutisch fruchtbar. Aus einem Vortrag entstand mein Buch *Grundformen der Angst*. Ich beschrieb darin Angst als ein existentielles und nicht nur neurotisches Phänomen. Ich ordnete die vier großen Neurosestrukturen vier antinomischen, zu unserem Leben gehörenden Impulsen mit den zu diesen gehörenden Ängsten zu, die in den Neurosen verzerrt oder überwertig auftreten.

Das Patient-Therapeut-Verhältnis interessierte mich immer besonders. In der Arbeit »Die Struktur des Analytikers und ihr Einfluß auf den Behandlungsverlauf« stellte ich das Zusammentreffen der Strukturen von Patient und Analytiker dar, wies darauf hin, daß das vom Patienten gebrachte »Material« vom Therapeuten immer auch gemäß seiner Struktur verschieden verwertet wird, und beschrieb daraus sich ergebende Fehlerquellen.

Seit Jahrzehnten galt mein Interesse besonders auch den Frühstgestörten, bei denen die klassische Methode meist versagte. Nach einem Vortrag im Burghölzli entstand zu dieser Thematik die Arbeit »Erfahrungen aus der Analyse schizoider und depressiver Persönlichkeiten« ...

Solange wir in unseren Patienten vorwiegend die »Neurotiker« sehen, besteht für uns die Gefahr der Hybris. Wir sollten keine Berufspersona entwickeln. Es darf nicht dazu kommen, daß das scharfe Wort *Thomas Manns*, es gebe Krankheiten, die für Ärzte zu schade seien, auf uns so angewendet werden kann, daß es Schicksale gebe, die für Psychoanalytiker zu schade seien.

Fritz Riemann

Lebenshilfe Astrologie

Gedanken und Erfahrungen

Der bekannte Psychoanalytiker Fritz Riemann legt hier seine Erfahrungen mit einer sinnvollen Anwendung der astrologischen Deutung vor. Verantwortliche astrologische Beratung versteht er als Hilfe zum Selbst- und Fremdverständnis – keinesfalls als fatalistische Voraussagen von Glück und Unglück.

4. Auflage, 11.–16. Tausend, 228 Seiten, Paperback

Anita Mandel / Karl Herbert Mandel / Ernst Stadter / Dirk Zimmer

Einübung in Partnerschaft

durch Kommunikationstherapie und Verhaltenstherapie, Band I

Dieses Ehebuch empfiehlt keine »Schönheitsreparaturen«, sondern zeigt neue Wege, die Beziehung zum Partner entscheidend zu verbessern, Probleme rascher und befriedigender miteinander zu lösen. Münchner Mediz. Wochenschrift

9. Auflage, 31.–36. Tausend, 488 Seiten, Paperback

Karl Herbert Mandel / Anita Mandel / Hans Rosenthal

Einübung der Liebesfähigkeit

Praxis der Kommunikationstherapie für Paare Einübung in Partnerschaft durch Kommunikationstherapie und Verhaltenstherapie Band II

Der zweite Band des Erfolgsbuches »Einübung in Partnerschaft durch Kommunikationstherapie und Verhaltenstherapie« bringt Ergänzungen und Weiterentwicklungen dieses weithin anerkannten psychotherapeutischen Ansatzes. Das Buch enthält ausführliche Fall-Beispiele aus der Praxis der Ehetherapie. Jedem Exemplar des Buches ist ein 10seitiger Fragebogen (2fach) beigegeben.

3. Auflage, 10.–15. Tausend, 240 Seiten, Paperback

Quellennachweis

Über neurosenspezifische Anwendung der psychoanalytischen Technik, in: *Psyche* 6, 1952/53, 336–350

Über Neurose-Strukturen und deren spezifische Behandlung, in: *O. Graf Wittgenstein* (Hrsg.), Psychotherapie und Theologie, Hippokrates-Verlag, Stuttgart, 1958, 77–88

Erfahrungen aus der Analyse schizoider und depressiver Persönlichkeiten, in: *Zeitschrift für psychosomatische Medizin,* 8, 1962, 114–128. Verlag für Medizinische Psychologie, Göttingen

Bedeutung und Handhabung der Gegenübertragung, in: *Zeitschrift für psychosomatische Medizin,* 6, 1959/60, 123–132. Verlag für Medizinische Psychologie, Göttingen

Die Struktur des Therapeuten und ihre Auswirkung in der Praxis, in: *Psyche,* 1959, 150–159

Die Struktur des Analytikers und ihr Einfluß auf den Behandlungsverlauf, in: *Fortschritte der Psychoanalyse.* Internationales Jahrbuch zur Weiterentwicklung der Psychoanalyse, Bd. I. Hogrefe Verlag, Göttingen, 1964, 156–172

Fritz Riemann. Auszüge aus einer Selbstdarstellung, aus: *Fritz Riemann,* in: *Psychotherapie in Selbstdarstellungen,* hrsg. von Prof. Dr. phil. *Ludwig Pongratz,* Verlag Hans Huber, Bern, [illegible] 346–376